In hommage to the American
historian who helped the French
open their eyes to their past.

Thank you

TOUVIER

Histoire du procès

ALAIN JAKUBOWICZ
RENÉ RAFFIN

TOUVIER

Histoire du procès

ÉDITIONS JULLIARD
20, rue des Grands-Augustins
75006 Paris

Conseiller pour l'édition : Perrine Simon-Nahum

À Cléa, Vanessa, Caroline, Alexis, Charles

« Ceux qui ne se souviennent pas du passé
sont condamnés à le revivre. »

SOMMAIRE

PREMIÈRE PARTIE: DE NICE À VERSAILLES

DEUXIÈME PARTIE: LES ACTES

TROISIÈME PARTIE: LA PAROLE

ANNEXES

DE NICE À VERSAILLES

I

La justice est aussi un rite expiatoire

20 avril 1994, 0 h 15.

Cerné par les policiers qui l'entourent plus qu'ils ne le surveillent, Paul Touvier vient de pénétrer dans sa cage de verre. Indifférent à la salle où chacun a déjà repris sa place, il n'a d'yeux que pour les sièges encore vides qui, dans quelques instants et pour la dernière fois, vont accueillir la cour et les jurés.

La sonnette qui annonce leur retour vient de retentir. Le silence est total, identique à celui qui régnait au premier jour du procès, mais que l'habitude, la familiarité progressive avec les lieux et les hommes, la répétition des mêmes protocoles ont un peu émoussé au cours des audiences qui ont suivi.

Les trois magistrats et les neuf jurés s'installent lentement. Leurs visages sont graves, leurs traits tirés. Rien ne laisse transparaître la décision qu'ils ont prise au terme d'un délibéré qui a duré cinq heures trente. Eux seuls connaissent pour l'heure le verdict. De chaque côté du prétoire, les acteurs du procès cherchent à deviner. Certains sont écrasés par la crainte, d'autres animés par l'espoir.

Pas vraiment assis, pas vraiment debout non plus, les

bras raides et les mains crispées aux accoudoirs de son large fauteuil, Paul Touvier est tout entier tendu en direction de la cour. Devant lui, Jacques Trémolet de Villers, les mains posées à plat sur son pupitre, dissimule mal son anxiété. À sa gauche, Me Françoise Besson qui l'a assisté dans la défense de Paul Touvier a les mains jointes et les yeux fermés. Avec son visage douloureux, elle est semblable à une vierge de chromo. A n'en pas douter, elle prie, communiant en cet instant rare où la justice des hommes confine au sacré, avec une autre femme. A la droite du Président, les yeux également clos mais le front incliné, Marie-Thérèse Lesueur de Givry paraît elle aussi abîmée dans la prière. Quelle croix le premier assesseur porte-t-il donc ? Celle de la condamnation imminente ?

Dans tous les procès d'assises, quel que soit l'accusé, ce moment est identique : dramatique. Le temps qui courait au fil des débats semble s'être arrêté, quand, après avoir entendu les dernières paroles prononcées par l'accusé, la cour s'est retirée pour délibérer, laissant chacun désarmé, impuissant. En effet, le destin ne se joue pas dans le champ clos de la salle d'audience où se sont affrontés partisans et adversaires, mais dans l'humble salle des délibérations. Du coup, tous les acteurs en viennent à se rassembler pendant que plane l'attente. La justice est, aussi, un rite expiatoire.

La voix nouée du président Henri Boulard, étranglée par l'émotion, rompt enfin le silence. Le magistrat apporte les réponses des jurés aux dix-sept questions qui leur ont été posées.

Oui, à la majorité de huit voix au moins, il y a bien eu homicide volontaire, dans la nuit du 28 au 29 juin 1944 à Rillieux-la-Pape, sur les personnes de Léo Glaeser, cinquante-sept ans, Émile Zeizig, cinquante-sept ans, Claude Benzimra, vingt-trois ans, Siegfried Prock, quarante-deux ans, Louis Krzyzkowski, quarante-six ans, Maurice Schluselmann, soixante-quatre ans, et sur celle d'un jeune inconnu « d'allure bien mise ». Oui, à la majorité de huit voix au moins, la préméditation a été retenue. Oui, Paul Touvier a agi « dans le cadre d'un plan concerté pour le compte d'un État pratiquant une politique d'hégémonie idéologique, en l'occurrence l'Allemagne nazie, à l'encontre de personnes choisies en raison de leur appartenance à une communauté raciale ou religieuse ». Oui, Paul Touvier est criminel contre l'humanité.

Ceux qui n'ont pas quitté l'accusé du regard ont vu le vieil homme se tasser au fur et à mesure des réponses affirmatives. Lorsque les derniers mots tombent : « réclusion criminelle à perpétuité », celui qui n'a jamais cessé d'être un milicien a regagné l'abri de son fauteuil. Plus rien ne transparaît sur son visage de cire.

Dans la salle, pas un geste, pas un cri de triomphe ou d'indignation. Le silence encore, qui mettra quelques minutes à se dissiper pour laisser la place aux premiers commentaires, échangés à mi-voix. À l'étage, les journalistes se dirigent vers les téléphones de la salle de presse ou vers les équipes techniques cantonnées à l'extérieur du palais. Au parterre, le public s'apprête à quitter les lieux, non sans se retourner pour un ultime regard en direction de Paul Touvier.

Lui aussi s'est levé. Avant de disparaître, il esquisse un dernier geste emprunté à l'attention de son épouse, Monique Berthet, qui se tient debout, près des portes, un petit bouquet de fleurs jaunes à la main.

« L'audience pénale est levée. » L'audience civile va suivre[1]. Le procès de Paul Touvier est terminé.

À l'extérieur du palais de justice, dans la nuit versaillaise, un petit groupe de manifestants, pancartes et calicots brandis, réclament maintenant le procès de Maurice Papon.

Cette scène renvoie à la nuit du 3 au 4 juillet 1987, lyonnaise celle-ci, quand, à la suite de la condamnation de

Klaus Barbie, d'autres manifestants exigeaient le jugement des collaborateurs français survivants. En la personne de l'ancien gestapiste, les jurés de la cour d'assises du Rhône avaient su juger le fait générateur, le péché fondamental, le nazisme. Mais Barbie était allemand et ne représentait, somme toute, que la première page d'une histoire. Une seconde restait à écrire un demi-siècle après le crime, celle de l'implication de Vichy dans la déportation des Juifs de France. Une histoire dont les chapitres portaient les noms de Bousquet, Papon, Leguay, Touvier.

Dernier de la liste dans l'ordre des responsabilités, Paul Touvier a été le premier à comparaître. Ce n'est pas un hasard. Il doit en effet ce douteux privilège au fait qu'il n'a jamais été un notable mais, au contraire, toujours, un proscrit ayant déjà profité de trop de protections. Une proie facile en quelque sorte que ce nervi ne représentant qu'un des aspects de la politique raciste de l'État français, à savoir son bras armé : la Milice. Autant dire l'aspect le plus indéfendable, le plus aisé à condamner, sans risquer de raviver les vieilles douleurs et, surtout, les mauvaises consciences. À l'évidence, après son procès, celui de la collaboration d'État reste à faire.

1. Dans le cadre de l'audience civile, Paul Touvier a été condamné à payer un franc de dommages et intérêts à chacune des parties civiles.

II

Le mythe d'une France tout entière résistante

Juger Barbie n'avait pas été difficile.

L'homme n'avait rien renié de son passé. SS il avait été, nazi il demeurait. Surnommé « le Boucher de Lyon », directement responsable d'épisodes parmi les plus noirs de la répression allemande dans la région lyonnaise, auteur de l'arrestation de Jean Moulin, sa cause était entendue.

Qui pouvait s'opposer à un tel procès ?

Reste que la charge émotionnelle libérée lors de ces débats-fleuves devait avoir de lourdes répercussions sur la suite de notre histoire judiciaire.

Déjà, les témoignages bouleversants des victimes et des grands témoins, le sort tragique réservé aux quarante-quatre enfants juifs de la colonie d'Izieu avaient particulièrement ému l'opinion publique française. Près de quarante-cinq ans après les faits, celle-ci avait prouvé qu'elle n'était pas indifférente. Les plus jeunes ne s'étaient pas montrés les moins intéressés, comme en a témoigné leur présence en masse au procès de Lyon.

Si le procès de Klaus Barbie a abouti à sa condamnation pour « crimes contre l'humanité », il a démontré également autre chose. Entre autres, que les nazis n'étaient pas tombés par hasard sur le home d'enfants d'Izieu, si bien dissimulé dans les montagnes du Bugey. Un Français les avait aidés. À partir de là, un raisonnement s'imposait : si la France avait su juger l'Allemand, il lui fallait passer à ceux des siens directement impliqués dans l'organisation et la conduite des persécutions raciales.

Certes, dès la Libération, une véritable épuration fut effectivement conduite. À commencer par Pétain et Laval, les principaux responsables de l'État français expièrent dans les mêmes proportions que les sans-grade de la collaboration. Mais cette épuration fut aussi sélective et oublieuse. Si les intellectuels, qu'ils soient écrivains ou journalistes, payèrent le prix fort, il en alla autrement des fonctionnaires ou des industriels impliqués dans la collaboration économique.

Cette clémence s'explique plus qu'elle ne se justifie : il fallait bien remettre en marche un pays encore paralysé par les conséquences de la guerre. La France, d'ailleurs, ne fut pas la seule nation alliée à montrer son aptitude dans le recyclage des compétences. Flic rodé à la chasse aux communistes, Barbie a été récupéré, dès 1945, par les services secrets américains, alors plus préoccupés de combattre l'influence soviétique en Allemagne que de « dénazifier ».

Enfin — et surtout — les procès de la Libération furent presque muets sur un point : la responsabilité de l'État français dans la déportation des Juifs. Il est vrai que l'ampleur et les conséquences de ces déportations n'avaient pas été immédiatement appréhendées. Les survivants n'étaient pas encore tous rentrés, et ceux qui l'étaient s'étaient souvent retranchés dans le silence, honteux de s'être relevés d'entre les morts, muets face à l'indicible. Mais ce silence n'était-il pas aussi une des premières manifestations de la mauvaise conscience nationale ?

En s'accordant au mythe d'une France tout entière résistante entretenu par des gouvernements soucieux de réconciliation nationale, cette amnésie volontaire conduisit à occulter une partie de la réalité historique. Il fallut attendre les années soixante-dix pour que les jeunes Français découvrent à travers *le Chagrin et la pitié* ce que leurs manuels scolaires taisaient. Ce qui ne se fit pas sans douleur, le film de Marcel Ophuls soulevant un tonnerre d'imprécations et se voyant interdire, pour des années, de télévision. Il fallut également attendre les publications d'historiens, pour la plupart américains, tels Robert O. Paxton ou Herbert R. Lottman, pour mesurer l'implication de Vichy dans la persécution des Juifs et découvrir, entre autres, que la police française avait prêté la main aux rafles, ou que des gendarmes français avaient gardé les enfants juifs détenus à Pithiviers.

Le procès Barbie fut une étape de plus amenant à cette prise de conscience.

D'autant qu'à sa façon ce procès fut un modèle de dignité et de didactisme. Ceux qui prévoyaient déjà le réveil de vieilles rancunes franco-françaises à l'occasion de ces débats en furent pour leurs frais. Et aussi ceux qui annonçaient comme certaines des révélations de Barbie sur le comportement de résistants réputés, dont la trahison aurait entraîné l'arrestation de Jean Moulin. Rien de tout cela ne se produisit. Barbie avait tellement peu à dire qu'il déserta même son propre procès, ce qui ne l'empêcha pas d'être jugé impartialement.

Ainsi, la justice française fit la preuve de son équité et montra par là même qu'un procès pouvait être, aussi, une fabuleuse leçon d'histoire. En convoquant à la barre de la cour d'assises des Juifs victimes des persécutions, des résistants victimes de la répression, des survivants des camps, elle ne donnait pas simplement la parole à des témoins, elle recueillait la mémoire.

Avec le procès de Lyon un « verrou » supplémentaire avait sauté alors que, déjà, de nombreuses plaintes avaient été déposées visant ce quatuor de survivants de la collaboration formé par Leguay, Bousquet, Papon et Touvier. Toutefois, aucune de ces plaintes ne prospérait. À tel point que le premier cité, ex-délégué à la police en zone occupée, parvenait à mourir dans son lit sans être autrement inquiété que par une inculpation.

Quant aux deux suivants, ils bénéficiaient à l'évidence de soutiens actifs. Grands commis de l'État, ils avaient, il est vrai, fort bien réussi leur reconversion.

Secrétaire général à la police de Vichy, Bousquet a serré la main de Reinhard Heydrich le 6 mai 1942 avant de signer, deux mois plus tard, avec le général SS Oberg, les accords instituant la participation de la police française dans la « chasse aux Juifs ». La rafle du Vel d'Hiv sera l'une des premières conséquences de ce pacte avec le diable.

Ce qui n'empêche pas Bousquet d'être condamné en Haute Cour, le 21 juin 1949, à la peine de cinq ans de dégradation nationale seulement. Il voit d'ailleurs cette condamnation aussitôt relevée pour « faits de résistance ». Revenu dès 1950 dans le giron de sa famille d'origine, le radicalisme, couvé par cet homme d'influence qu'est Albert Sarraut, cacique du Parti radical et ancien président du Conseil de la IIIe République, il parvient à entrer cette même année à la Banque d'Indochine. Ses qualités d'homme d'appareil et sa grosse capacité de travail lui permettent d'avancer rapidement dans la hiérarchie de cet établissement à qui la Banque de France a donné le privilège de battre monnaie en Indochine française. Jean Leguay — autre protégé de Sarraut — vient le rejoindre en 1951 avant de lui succéder au poste de secrétaire général.

Bousquet trempe-t-il alors dans le financement politique, une des spécialités de la banque ? C'est la thèse la plus souvent avancée pour expliquer la mansuétude dont il va bénéficier pour le reste de son existence. Battu, sous l'étiquette radicale, aux législatives de 1958, il devient en 1962 administrateur de *la Dépêche du Midi*, le grand quotidien — radical — de Toulouse. Trois ans plus tard, le journal soutient la candidature de François Mitterrand. En 1972, à la suite d'une brouille avec la propriétaire du journal, Évelyne Baylet, Bousquet quitte *la Dépêche* pour rester désormais fidèle à la banque.

Ses derniers jours auraient pu être tranquilles si, en 1978, à l'occasion d'une interview donnée à *l'Express*, l'ancien commissaire aux Questions juives Darquier de Pellepoix ne l'avait proprement « balancé » en usant d'accents céliniens : « La grande rafle du Vel d'Hiv, c'est Bousquet qui l'a organisée. De A à Z. Bousquet était le chef de la police. C'est lui qui a tout fait. Maintenant, vous savez comment il a terminé, Bousquet ? Il a écopé de cinq ans d'indignité nationale. Il aurait aidé la Résistance. Quelle farce ! Et il a terminé directeur de la Banque d'Indochine. Ah, il s'est bien débrouillé Bousquet ! Pourtant c'est lui qui organisait tout. »

Maurice Papon eut un destin encore plus brillant. Né en 1910, un an après Bousquet, il est de la même origine sociale que lui et Leguay : tous trois sont fils de notaires. Comme Bousquet toujours, il intégra l'administration préfectorale, qu'il ne devait plus quitter, sinon pour un titre de ministre de la Ve République. Dès la Libération, ce fonctionnaire a fait preuve de dévouement, et de tels hommes comptent dans un pays encore en panne. On oublia alors — mais existait-il encore quelqu'un pour s'en souvenir ? — son passage au secrétariat général de la préfecture de la Gironde et son implication, en tant que responsable du service des Questions juives, dans la déportation en 1942 de deux mille Juifs bordelais, dont de nombreux enfants.

Dans cette France pressée d'aller vers l'avenir prometteur des « Trente Glorieuses », Papon vit un après-guerre paisible avant d'être nommé en 1958, sous le gouvernement Félix Gaillard, préfet de police de Paris. Fonction qu'il conservera tout au long de la guerre d'Algérie, puis jusqu'en 1966.

Son passé ne le rejoindra qu'au sommet de sa carrière de technocrate, au secrétariat d'État au Budget du dernier gouvernement de Valéry Giscard d'Estaing. Ce sera au tour du *Canard enchaîné* de dénoncer le scandale en titrant, entre les deux tours de l'élection présidentielle de 1981 : « Quand un ministre de Giscard faisait déporter les Juifs. Papon, aide de camps. »

Leguay, Bousquet, Papon formaient l'élite de la haute administration collaborationniste. Rien à voir avec Touvier, cadre subalterne, qui parvint tout au plus au rang de chef régional d'une police supplétive. Même leurs crimes respectifs, aussi impardonnables soient-ils, n'ont pas une portée identique. Ainsi, on reproche à Papon la déportation de deux mille êtres humains et on a jugé Touvier pour sept victimes.

À la différence de Leguay Papon et Bousquet, l'après-guerre de Touvier sera nettement moins confortable, l'ancien chef du Deuxième Service de la Milice lyonnaise passant le demi-siècle suivant du statut de fuyard à celui de reclus volontaire. Tout a été dit sur cette longue cavale. Comment pourtant ne pas en rappeler les principales étapes, ne serait-ce qu'en raison de l'éclairage qu'elles jettent sur la véritable nature de ses protections ?

Lorsque, en septembre 1944, Lyon est libéré, Paul Touvier plonge pour quarante-cinq années de clandestinité. Il a fait le choix de rester. Pas question pour lui de suivre les « dizaines et les cohortes » miliciennes qui, à la suite de Darnand, ont pris le chemin de l'Allemagne et de Sigmaringen. Il avait alors, dit-il, le souci de protéger sa famille. La vérité est peut-être ailleurs. Dans un choix stratégique différent, en partie motivé par le fait que Touvier disposait d'argent, au moins trois cent cinquante mille francs, prélevés lors de la débâcle dans les caisses du Deuxième Service de la Milice. Une somme rondelette qu'il investira en novembre 1944 dans une pension de famille de Montpellier. En mars 1945, il revendra cet établissement, non sans réaliser au passage une confortable plus-value.

Débute alors une première fugue au cours de laquelle la police le serre de près pendant que les condamnations s'accumulent sur sa tête[1]. Elle le conduira d'abord à Boutencourt, dans l'Oise, puis à Paris, après avoir séjourné dans plusieurs monastères. À ce moment de son existence, l'ancien proxénète, l'ex-pillard de la Milice, renoue avec la pratique du vol à main armée. C'est dans ces conditions qu'il est blessé à un bras à la fin du printemps de 1946 à Paris.

L'itinéraire de Touvier est semé d'interrogations. Celles qui entourent son arrestation et son évasion de la rue des Saussaies seront partiellement levées au cours du procès de Versailles. Le 3 juillet 1947, soupçonné d'appartenir au fameux « plan bleu[2] », Touvier est interpellé par les Renseignements généraux. Pendant cinq jours, il est tenu au secret et interrogé. Mais le 9 juillet, alors que son identité a été percée à jour et que sa qualité de condamné à mort est parfaitement connue, Touvier parvient à s'échapper en profitant d'un « relâchement de surveillance ». Commentant cet épisode, il remerciera, plus tard, la Providence. À son procès, plus prosaïquement, il lâchera à mi-voix une autre confidence, en reconnaissant avoir aidé la Providence en livrant quelques noms, dont celui du premier ecclésiastique l'ayant protégé, en l'occurrence l'abbé Stéphane Vautherin, aumônier de la Milice lyonnaise.

Toujours est-il que l'homme est libre. Libre et amoureux d'une certaine Monique Berthet, qu'il épousera, religieusement, avec la complicité d'un autre de ses protecteurs, un abbé parisien nommé Pierre Duben. La situation du couple reste précaire. En 1948, ceux qui se font appeler M. et Mme Berthet vont s'installer à Chambéry, dans la propriété familiale des Touvier, les Charmettes.

Paul Touvier y vivra à l'abri des volets, limitant au minimum les contacts avec l'extérieur, survivant grâce à des travaux de dactylographie, essentiellement fournis par des prêtres amis. Le reclus des Charmettes s'est tissé un réseau de relations ecclésiastiques. Y figure toujours l'abbé Duben à Paris, rejoint par le père jésuite Arminjon à Chambéry et, en arrière-plan, une plus intimidante silhouette, celle de Mgr Ernest Costa de Beauregard, homme d'influence issu d'une vieille famille de Chambéry. Son cousin, le comte Léon Costa de Beauregard, fut durant l'Occupation membre du Conseil national de Vichy et chef départemental de la Légion des combattants.

Au cours de cette période, Touvier entrera également en contact avec Jacques Brel, qu'il aidera dans la construction d'un chalet situé à proximité immédiate de Saint-Pierre-de-Chartreuse. Il est vrai que l'ancien milicien connaît bien la région, puisqu'il fréquente assidûment le couvent voisin de la Grande-Chartreuse, où il a rendu divers services au prieur dom Poisson, mais aussi l'abbaye bénédictine de Hautecombe ou encore la trappe cistercienne de Tamié.

En 1957, Touvier fait la connaissance de celui qui œuvrera jusqu'à sa mort à sa réhabilitation : Mgr Charles Duquaire, secrétaire particulier de l'archevêque de Lyon, le cardinal Gerlier. Les chercheurs de la commission Rémond écriront de ce prélat : « Monseigneur Duquaire a littéralement adopté Paul Touvier et sa famille. » Selon les historiens, le milicien a su admirablement manipuler le prêtre, qui se révélera encore plus naïf que la plupart de ceux, nombreux, que Touvier a manœuvrés, en mettant en avant « une foi portée en étendard, une piété doloriste, ses souffrances qui le conduiront à se comparer au Christ ».

Charles Duquaire, pièce maîtresse dans le jeu de Touvier, se dépensera sans compter, arrachant lettres et témoignages ici, s'entremettant là. Il ira jusqu'à écrire au général de Gaulle avant d'approcher Georges Pompidou. Il n'est pas seul. D'autres pions sont avancés, comme le philosophe Gabriel Marcel, ou les hommes politiques Edmond Michelet, Édouard Balladur et Pierre Arpaillange.

Cette action continue et acharnée aboutira le 23 novembre 1971, malgré plusieurs avis défavorables, à la signature du décret de grâce remettant les peines d'interdiction de séjour et de confiscation de biens infligées à Touvier. Les condamnations à mort sont depuis longtemps prescrites.

La parution d'un article de Jacques Derogy dans le numéro de *l'Express* du 5 juin 1972 révèle les tribulations du milicien, qui, jusqu'à cette date, n'avaient impliqué qu'un petit nombre de personnes. La nouvelle de la grâce présidentielle fait scandale. La Résistance, qui tenait déjà Georges Pompidou en suspicion, s'indigne, des manifestations s'organisent, l'opposition s'agite. Le 21 novembre 1972, au cours d'une conférence de presse, le président de la République est contraint de se justifier.

Depuis l'été, Touvier a renoué avec ses vieux réflexes de clandestin. Comme il y a été invité par le préfet de Savoie, qui a dépêché chez lui un agent des Renseignements généraux afin de le prévenir que sa sécurité n'était plus assuré. Il a quitté avec femme et enfants la demeure des Charmettes.

Pour eux, c'est le début de dix-sept années d'errance et de refuges clandestins, souvent trouvés à l'ombre de l'Église. On les signale à la Grande-Chartreuse, dans les abbayes de Hautecombe, de Solesmes, de Fontgombault. Des particuliers l'aident également, comme cette famille Storez qui l'accueille chez elle, en plein cœur de Paris, de 1972 à 1981.

Se cacher est nécessaire. Depuis le 9 novembre 1973, l'avocat parisien Joë Nordmann et son confrère lyonnais Ugo Iannucci ont déposé la première plainte pour « crime contre l'humanité » au nom de Georges Glaeser, fils de Léo Glaeser, l'un des fusillés de Rillieux-la-Pape.

D'autres suivront.

En réponse, Touvier publie ou fait publier divers libelles : « Mes crimes contre l'humanité » en 1972 ; « Lettre ouverte de Chantal et Pierre Berthet aux représentants du peuple français » en 1976. Dans des conditions souvent rocambolesques, le fuyard accorde plusieurs entretiens à des journalistes.

En septembre 1982, un peu plus d'un an après l'arrestation de Barbie, il tente un stratagème qui fera long feu. Un avis de remerciement est publié dans *le Dauphiné libéré* après le prétendu « décès de monsieur Paul Touvier, rappelé à Dieu dans sa 70e année ».

En 1985, alors que le cercle des protecteurs de Paul Touvier se rétrécit singulièrement — pour finir par se limiter au seul milieu des catholiques intégristes —, un nouveau juge d'instruction est nommé pour prendre en charge le dossier. Il s'agit du juge Claude Grellier, qui succède à Martine Anzani. C'est lui qui activera l'enquête, la retirant à une police soupçonnée de complaisance pour la confier à la section de recherches de la gendarmerie de Paris et à son chef, le lieutenant-colonel Jean-Louis Recordon.

La fin prendra encore quatre ans.

Avant de revenir sur les circonstances de cette arrestation et de retrouver le milicien entre les mains de cette justice qu'il a toujours cherché à fuir, il n'est pas inutile de se demander pourquoi, finalement, Paul Touvier a été le seul du quatuor de collaborateurs à comparaître à ce jour devant une cour d'assises pour répondre de l'accusation de « crime contre l'humanité » qui les flétrissait tous.

Ce procès, Touvier le doit d'abord à sa folle imprudence, teintée de cupidité. Alors que ses condamnations à mort étaient depuis longtemps prescrites, qu'avait-il besoin de remuer le ciel avec les prêtres et la terre avec les politiques, pour obtenir une grâce ne portant que sur les peines accessoires qui le frappaient encore, la confiscation de ses biens et les interdictions de séjour ? Au risque d'attirer l'attention sur lui. Tout cela pour entrer en possession du pauvre héritage que lui laissait son père en indivision, à savoir la maison des Charmettes, héritage qui lui tenait assez au ventre pour qu'il le revendique en justice. Plus tard, au procès, il ajoutera qu'il avait voulu cette grâce pour venir gagner sa vie à Paris, la capitale lui étant alors inaccessible en raison d'une mesure d'interdiction de séjour.

Ce fut sa plus grande erreur. À ce titre, Paul Touvier est le premier artisan de son malheur.

Pour comprendre, il faut aussi évoquer le peu d'importance de l'homme. À part quelques ecclésiastiques, quelques bigots ancrés dans leurs certitudes préconciliaires et quelques policiers reconnaissants envers un vieil informateur, peu de hauts personnages veillaient sur Touvier, surtout vers la fin de son parcours de fuyard. Qui se serait embarrassé d'une bienveillance fatalement compromettante après l'effet dévastateur de la grâce pompidolienne ? Simple exécutant, privé d'influence après la fin de la guerre, l'ancien chef du Deuxième Service de la Milice de Lyon ne risquait guère, de surcroît, de détenir de ces secrets qui vous garantissent l'impunité.

Enfin, l'assassinat de René Bousquet, au mois de juin 1993, a fait le reste. Alors que le dossier Papon restait bloqué, voyant se succéder sans pour autant s'épaissir des magistrats instructeurs très vite touchés par une promotion, celui de l'ex-secrétaire à la Police était bouclé. Mieux, le réquisitoire de l'avocat général Marc Domingo, concluant au renvoi de l'affaire devant les assises, était fin prêt, la chambre d'accusation de la cour d'appel de Paris s'apprêtant même à statuer.

Le geste du meurtrier, Christian Didier, a eu raison de cette procédure. Là encore l'acte de cet illuminé a beaucoup fait fantasmer, d'aucuns voyant derrière jusqu'à la main de l'Élysée. La vérité déjà apparue aux experts psychiatres chargés de l'examiner semble beaucoup plus plate. Didier est un dément qui avait déjà tenté de se faire la main sur Barbie. Avec pour tout sésame un certificat — grossièrement imité — d'un hôpital parisien attestant sa qualité de médecin, l'homme avait réussi à s'introduire à la prison Saint-Joseph de Lyon dans le but d'assassiner le gestapiste, avant qu'un gardien un peu plus méfiant que les autres ne déjoue la manœuvre.

Reste qu'en abattant Bousquet Didier a laissé la justice frustrée de ce qui aurait vraisemblablement été le procès de la collaboration et de l'implicaton de Vichy dans l'extermination des Juifs.

Faute de Papon, faute de Bousquet, restait Touvier.

1. Au lendemain de la guerre, Paul Touvier a été successivement condamné à un an de prison par défaut pour vol par le tribunal correctionnel de Chambéry (28 décembre 1945) ; condamnation à mort par contumace, dégradation nationale et confiscation des biens pour trahison par la cour de justice de Lyon (10 septembre 1946) ;

condamnation à mort par contumace, dégradation nationale pour intelligences avec l'ennemi par la cour de justice de Chambéry (4 mars 1947) ; condamnation à cinq ans de prison par défaut, dix ans d'interdiction de séjour pour vol à main armée par le tribunal correctionnel de Lyon (20 juin 1949).

2. Plan bleu : conspiration essentiellement anticommuniste, montée en 1947, visant à installer en France un pouvoir fort en s'appuyant sur certaines accusations d'anciens combattants et de résistants de droite et sur certains éléments de l'armée. Elle fut révélée au public quelques mois après avoir été éventée par le ministère de l'Intérieur de l'époque.

III

Un homme surgissant directement du passé

« Paul Touvier, vous êtes en état d'arrestation. » En adressant, le 24 mai 1989 à l'aube, cette phrase rituelle à un vieillard à moitié dressé dans son lit, le lieutenant-colonel Recordon a fait plus que procéder à une arrestation supplémentaire dans sa carrière. En le livrant à la justice, le gendarme brisait le cocon protecteur entourant le vieux milicien, le restituant à notre époque. L'homme survivait en effet hors du cycle normal de ses contemporains, ses valeurs, ses références, ses préoccupations se rapportant toutes à un espace-temps aux contours incertains que l'on pourrait toutefois situer entre l'avènement de Vichy et l'immédiat après-guerre.

L'impression d'avoir affaire à un homme surgissant directement du passé, intact, à l'image de ces corps que rendent de loin en loin les glaciers après les avoir retenus prisonniers pendant des siècles, reviendra à plusieurs occasions lors du procès. La nature des derniers réseaux protégeant ce Touvier-Hibernatus témoigne d'ailleurs de l'atmosphère anachronique dans laquelle il se mouvait.

On sait que l'enquête à laquelle se livra le gendarme

devait le conduire à s'intéresser de près à une cinquantaine d'établissements religieux où le passage de la famille Touvier avait été signalé. Une piste d'autant plus logique que les liens des Touvier avec les chartreux du Vercors ou les bénédictins de Hautecombe étaient déjà parfaitement connus. En outre, la surveillance des différents comptes bancaires de Monique Berthet avait permis d'établir que ces rapports n'étaient pas uniquement spirituels. Une assistance matérielle transitait par cette filière ecclésiastique.

Partant de cette constatation, les gendarmes remontèrent jusqu'au dispensateur de la manne, l'ordre des Chevaliers de Sainte-Marie, *Militia Sancta Maria* de son nom latin, autrement appelé l'ordre des Chevaliers Notre-Dame[1]. Fondée au lendemain de la Libération par une poignée de jeunes chrétiens, érigée canoniquement à la Noël 1964 dans la tradition des grands ordres chrétiens de chevalerie médiévale, cette association caritative regroupant environ quatre cents membres a pour vocation essentielle l'aide aux prisonniers ou aux réfugiés. Ce qui ne l'empêche pas de prêter son concours à l'occasion de manifestations religieuses. Alors apparaissent les chevaliers, drapés dans d'austères capes grises frappées d'une épée. Tenue plus martiale que mariale, qui n'était pas pour déplaire à l'un des fondateurs de l'ordre, Gérard Lafont, lequel, avant de finir dans le froc de père abbé de l'abbaye de Wisques dans le Pas-de-Calais, s'est quelque peu égaré sur la voie de la collaboration.

De dom Lafont, les gendarmes passèrent alors à un assureur retraité, responsable laïc de l'ordre pour la région parisienne et accessoirement ancien de la Légion des volontaires français contre le bolchevisme, Jean-Pierre Lefèvre. Les écoutes téléphoniques firent le reste en confirmant les soupçons des enquêteurs. L'ordre assistait bien Touvier, avec lequel il avait été mis en contact par l'intermédiaire d'un autre de ses protecteurs, l'abbé Duben.

C'est d'ailleurs une proche de cet ecclésiastique aujourd'hui décédé, Geneviève Penou — témoin au procès —, qui se chargeait de jouer les « boîtes aux lettres » entre l'ordre et Paul Touvier.

Ordre des Chevaliers Notre-Dame, filière des couvents qui va de la Grande-Chartreuse à Saint-Michel-en-Brenne, le dernier cercle des protecteurs ne serait pas complet si l'on n'y ajoutait quelques particuliers recrutés parmi les chrétiens les plus traditionalistes, dont plusieurs spécimens vinrent témoigner à Versailles. L'effet recherché par la défense en les convoquant à la barre ne fut certainement pas celui obtenu, tant il fut hallucinant de voir ces personnes pourvues de références, elles aussi héritées du passé, renouveler leur profession de foi maréchaliste, vanter les vertus chrétiennes de Touvier, douter de la justice des hommes, pour finir par comparer l'action de la Résistance à la Libération avec celle des « colonnes infernales » en Vendée.

Ce voyage au cœur des milieux les plus réactionnaires de l'Église de France, le gendarme l'avait effectué sous la conduite des magistrats instructeurs ayant en charge le dossier. Il l'avait conduit jusqu'à ce prieuré intégriste, ancienne chapelle des Visitandines nichée dans le vieux Nice et concédée en 1987 par la municipalité de Jacques Médecin aux lefebvristes de la Fraternité sacerdotale Saint-Pie-X pour en faire un lieu de culte et d'accueil.

Mais en ce matin de mai, le vieil homme a maintenant compris que son ultime fuite est définitivement terminée. Pendant que Touvier enfile lentement ses vêtements, le lieutenant-colonel affronte Monique Berthet et les deux enfants du couple. Hâves, en larmes, ils tentent dérisoirement de s'interposer, de gagner encore un peu de temps. Un dernier rempart qui sera balayé par Touvier lui-même d'un sec « Ne vous inquiétez pas ». Avant de se laisser entraîner par les gendarmes, il obtiendra cependant de se confesser.

Ce matin-là, Touvier a décidément envie de se confier, de parler. Et il parlera beaucoup à ceux qui sont venus l'arrêter. En fait, il ne cessera pas, que ce soit dans la voiture qui le conduira à l'aéroport ou dans l'avion qui l'emmènera jusqu'à Paris. Tout au long de ce périple, sa voix doucereuse, insinuante, teintée d'obséquiosité, accompagnera les gendarmes. Pas de révélations dans ces propos en forme d'incessante plainte, mais des arguments déjà servis à longueur d'interviews ou de manifestes.

« Vous comprenez, messieurs les gendarmes. J'ai mené une vie de cauchemar. Je paie pour des crimes que je n'ai pas commis. C'est vrai, j'ai soutenu Vichy. Mais tous ces gens qui, comme moi, ont cru en Pétain, comme le demandait à l'époque l'Église de France, et qui n'ont jamais été inquiétés... Vous imaginez quarante ans à vivre comme un cloporte, terré, claquemuré. Vous ne pouvez pas savoir, l'angoisse, la peur d'être assassiné, de perdre mes enfants eux aussi menacés de mort. Heureusement il y avait Dieu... »

Et le même de resservir Jacques Brel et Gabriel Marcel, Pierre Fresnay et Edmond Michelet, Dieu et le sens du martyre. Bref, tout un méli-mélo tenant du *Who's Who* et de l'*Imitation de Jésus-Christ*. Un fonds de commerce où sont venus s'alimenter tant de prêtres crédules, du curé de campagne au prélat romain, autant de bigots et accessoirement quelques nostalgiques de l'ordre ancien. Des hommes à qui Touvier savait admirablement s'adresser, une science qu'il avait acquise dès son enfance par sa fréquentation assidue des prêtres.

Ironie de l'histoire, ce sont justement ces prêtres sacrifiant trop volontiers la justice au devoir de charité, et à travers eux l'Église tout entière, qui seront les premières victimes de Touvier sur l'autel de l'information.

À peine connue, la nouvelle de l'arrestation du milicien va provoquer un torrent d'interrogations dans les journaux, les radios et les télévisions. Toutes, pour l'essentiel, portent sur le même sujet : le rôle de l'Église dans la longue cavale de Touvier et notamment celui de l'archevêché de Lyon, où le proscrit fut un temps domicilié grâce aux bons offices de Mgr Duquaire.

La rumeur grossissant, les hypothèses les plus fantaisistes furent avancées. Le 25 mai, *France-Soir* reprenait celle de l'existence d'un pacte secret entre le cardinal Gerlier, archevêque de Lyon au moment de l'Occupation, et Paul Touvier, le premier ayant échangé sa protection contre la libération de quarante-deux otages détenus par la Milice. Dans le même temps, d'autres évoquaient à loisir un possible « trésor caché de la Milice » qui n'aurait pas été perdu pour tout le monde, voire des archives secrètes encore détenues par l'ancien milicien, lui donnant prise sur plusieurs personnalités religieuses. Autant de fantasmes se mariant à ravir avec la réputation sulfureuse de Lyon, ville prétendue secrète et obscure, centre géographique de l'affaire Touvier.

Même *la Croix* n'était pas épargnée par le phénomène, qui titrait deux jours après l'arrestation : « L'Église responsable, jusqu'où ? » alors que *Libération* ironisait le même jour : « Touvier, la plaie au flanc de l'Église ».

Soucieux de voir limiter les conséquences catastrophiques de cette campagne comme de redorer le blason défraîchi de son archevêché de Lyon, le cardinal Albert Decourtray prenait alors le risque de la vérité. Le 3 juillet 1989, quelques semaines seulement après l'arrestation, le prélat décidait d'ouvrir les archives de l'archevêché à une commission d'historiens[2] conduite par René Rémond, professeur de sciences politiques, personnalité incontestée bien que de sensibilité chrétienne, par ailleurs président du Conseil supérieur des archives. « Il s'agit de faire toute la clarté possible avec l'indépendance requise sur l'attitude des hommes et des communautés de l'Église catholique dans ce qu'on appelle l'affaire Touvier et l'ensemble de la période concernée », déclarera alors officiellement l'archevêché, le cardinal ajoutant pour sa part : « Je préfère de beaucoup une vérité, même déplaisante, à un mensonge, même plaisant. »

Le saint homme ne sera pas déçu.

Au terme de deux ans et demi de travail, essentiellement consacrés à compulser de nombreux fonds d'archives privées et publiques et à interroger près de quatre-vingts témoins, la commission rendra un rapport de quatre cents pages proprement accablant quant à l'implication de l'Église dans l'affaire. Ou plutôt des hommes d'Église, les historiens tendant dans l'ensemble à dégager la responsabilité directe de l'institution, qu'ils ne considèrent pas comme « une organisation monolithique ». Ainsi, le cas Touvier n'aurait « jamais fait l'objet d'une délibération au sommet ni de quelque décision engageant la hiérarchie ». Pour René Rémond et les chercheurs de sa commission, l'explication de la solidarité de tant d'hommes d'Église avec le fuyard résulte d'une convergence de comportements individuels renforcée par l'existence de réseaux de soutien aux allures de filières dont Touvier a su admirablement jouer. Comme il a su longtemps préserver son anonymat dans ce milieu en utilisant le nom de son épouse — devenant Paul Berthet —, les liens de confiance unissant les diverses communautés religieuses par lesquelles il transitait, ou encore la règle monastique qui dans de nombreux ordres impose l'hospitalité.

Pour capter la confiance, Touvier disposait d'atouts nombreux, et d'abord de la méfiance instinctive qu'inspirait la justice terrestre aux hommes de Dieu. « On n'ignore pas tout à fait les données politiques, écrivent les historiens, « mais on les tient pour mineures et relatives au regard de l'essentiel : le salut des hommes, la mission de l'Église. [...] Comparées à ces réalités surnaturelles, les actions politiques ne sont pas loin de s'équivaloir. » Plus loin, on trouve encore cette réflexion : « Intervient aussi, pour les conforter dans cette attitude, une vision proprement cléricale des relations entre l'Église et la société civile et politique qui implique la supériorité absolue de celle-là, réputée société parfaite, sur toute société humaine[3]. »

Ceux des prêtres qui n'étaient pas dupes du passé de Touvier pouvaient trouver dans l'enseignement chrétien du pardon un motif pour lui venir en aide. D'autant que l'homme avait imposé sa clandestinité à sa femme et à ses deux enfants et se présentait lui-même comme ayant souffert tout au long de sa vie de cette situation, quitte à comparer son sort à celui du Christ.

Toujours dans leur recherche d'une explication permettant d'appréhender comment des hommes aussi dissemblables que Charles Duquaire, secrétaire particulier du primat des Gaules, dom André Poisson, prieur de la Grande-Chartreuse et ministre général de l'ordre des Chartreux, ou Mgr Alfred Ancel avaient pu apporter leur soutien à Touvier, les historiens avancent encore d'autres hypothèses que celles de la règle monastique ou du pardon des offenses.

Après avoir émis l'idée que certains de ces religieux pouvaient militer pour l'amnistie et rejoindre les politiques dans leur souci de tirer un voile sur un passé où les Français se déchiraient, les historiens n'excluent pas que d'autres clercs aient agi dans un « indifférentisme politique » pour le moins désarmant : « C'est un argument de Mgr Ancel », notent-ils, « qui propose peut-être la formulation la plus révélatrice ; il justifie l'aide apportée à Touvier par le fait que, si les choses avaient tourné autrement, il n'aurait pas hésité à accorder aux résistants traqués la même assistance. »

Revenant sur les motivations qui avaient poussé tous ces ecclésiastiques à se « mouiller » pour Touvier, pourtant présenté comme un grand « manipulateur de curé », un des membres de la commission, le professeur Bernard Comte, expliquera : « Ils ont agi par bonté d'âme, avec une naïveté extrême et un manque total de jugement politique. »

Lors de la présentation officielle du rapport, le cardinal Decourtray ne dira pas autre chose en s'interrogeant publiquement : « Comment est-il possible que tant d'hommes d'Église, clercs pour la plupart, aient au nom d'une certaine idée de la charité méconnu à ce point les exigences de la vérité et de la justice ! Qu'est-ce donc qu'une pareille charité ? »

Versé au dossier d'instruction, le rapport de la commission Rémond sera peu évoqué au cours du procès. Toutefois, Touvier lui-même et son avocat l'attaqueront à plusieurs reprises lors des débats. Le premier pour en dénoncer le contenu, qui, il est vrai, lui est peu favorable. Le second pour contester la façon dont il a été élaboré, Jacques Trémolet de Villers reprochant aux historiens de n'avoir, notamment, jamais rencontré son client.

1. À ne pas confondre avec l'ordre des Chevaliers Notre-Dame créé avant guerre dans la région lyonnaise par cet abbé farouchement anticommuniste qu'était Stéphane Vautherin, par ailleurs « protecteur » de Paul Touvier. Inspiré du scoutisme, ce mouvement de jeunesse eut une existence éphémère.

2. La commission était composée de René Rémond, Jean-Pierre Azéma, François Bédarida, Bernard Comte, Gérard Cholvy, Jean Dujardin, Jean-Dominique Durand, Yves-Marie Hilaire.

3. *Cf.* rapport *Paul Touvier et l'Église* de la commission d'historiens, Fayard, 1992.

IV

Appelez-moi monsieur Touvier

Au soir de ce 24 mai 1989, alors que radios et télévisions martèlent encore la nouvelle de l'arrestation de Paul Touvier, un homme attend nerveusement à l'étage de l'instruction du palais de justice de Paris.

Depuis le début de la journée, le juge Jean-Pierre Getti, quarante-deux ans, a été régulièrement tenu au courant du déroulement des opérations. Le premier appel téléphonique du lieutenant-colonel Recordon, dès l'interpellation du fuyard, a d'ailleurs été pour ce magistrat qui, en prenant la succession de Claude Grellier, a hérité du dossier Touvier. La tâche était délicate, le chemin restant à parcourir semé d'embûches. Mais il est des missions qui ne se refusent pas. En échange, celle-ci le fera accéder à la notoriété, tout en en lui procurant une spécialité peu commune parmi les magistrats instructeurs : le crime contre l'humanité. Par la suite, il lui reviendra de lancer une commission rogatoire internationale contre l'ancien chef du camp de Drancy, Alois Brunner, réfugié en Syrie. C'est aussi le juge Getti qui rédigera le rapport sur les faits nouveaux permettant de rejuger René Bousquet ou qui saisira, au secrétariat d'État aux Anciens Combattants, le fameux fichier juif de la préfecture de police de Paris « disparu » après l'Occupation.

Mais, pour le moment, Jean-Pierre Getti est anxieux à l'idée de sa rencontre prochaine avec l'homme qu'il a pourchassé pendant des mois et finalement réussi à faire arrêter. Et d'abord, dans quel état de santé va-t-il trouver Touvier, qui, depuis son arrivée à Paris, subit une série de tests à l'Hôtel-Dieu ? Autant d'examens qui ne feront que confirmer une information des enquêteurs ; Paul Touvier est bien malade, les médecins diagnostiquant un cancer de la prostate et procédant immédiatement à la pose d'une sonde. Ainsi, c'est à bord d'une ambulance des pompiers de Paris que le vieil homme arrivera au Palais de justice avant d'être placé sur un fauteuil roulant.

À 20 h 20, enfin, il pénètre dans le bureau du juge, tenant d'une main une bouteille d'eau minérale, s'appuyant de l'autre au bras d'un gendarme.

Comme souvent en pareil cas, cette première audition, de courte durée, se limite à l'essentiel, c'est-à-dire à l'interrogatoire d'identité de l'intéressé et à son inculpation dans le cadre de quatre dossiers : l'assassinat de Victor Basch, ancien président de la Ligue des droits de l'homme, et de son épouse Hélène dans la nuit du 10 au 11 janvier 1944 ; l'assassinat le 29 juin 1944 de sept otages juifs devant le mur du cimetière de Rillieux-la-Pape dans la banlieue de Lyon ; la tentative d'assassinat avec arrestation illégale et séquestration des époux Eisner, gardiens de la grande synagogue de Lyon, qui seront arrêtés et déportés en juin 1944 ; l'arrestation illégale et la séquestration de réfugiés politiques espagnols dans le cadre d'une rafle opérée à Montmélian (Savoie) le 24 avril 1944.

Trente minutes plus tard, cette formalité terminée, Touvier est transféré à l'hôpital des prisons de Fresnes où il est écroué.

Le juge attendra deux jours pour le revoir, lors du débat contradictoire obligatoire, à l'issue duquel le mandat de dépôt est maintenu. Cette seconde passe d'armes donne à un nouveau venu sur le devant de la scène, l'avocat de la défense Jacques Trémolet de Villers, l'occasion de sa première déclaration, en forme de trait décoché au garde des Sceaux de l'époque : « Mon client a rendez-vous avec la manifestation publique de la vérité. Les éléments essentiels de la défense existent déjà dans le dossier de l'enquête préalable à la décision de grâce rendue en 1971 par le président Georges Pompidou, enquête qui avait été supervisée par M. Pierre Arpaillange, alors directeur des affaires criminelles et des grâces. »

Mais pour l'heure, Paul Touvier a plutôt rendez-vous avec les médecins et avec le docteur Gabriel Arvis en particulier. Cet urologue de l'hôpital Saint-Antoine a été chargé d'examiner l'inculpé et de rendre au plus vite un rapport. Lequel indique, quelques semaines plus tard, que le cancer dont il souffre est limité à la prostate. « Il n'y a pas d'extension extraprostatique, donc pas de métastases », ajoute l'expert avant de constater que « M. Touvier, actuellement âgé de soixante-quatorze ans, est en excellent état général au point de vue physique » et de conclure : « Son état de santé actuel est compatible avec la détention telle qu'il la subit. »

Pendant que la Faculté se penche sur Paul Touvier, le juge Getti entre immédiatement dans le vif d'une instruction prévue pour s'étendre sur deux années. Et, le 20 juin, le magistrat instructeur fait pour la première fois le voyage de Lyon où, entre une visite à ses collègues de la magistrature et une reconnaissance dans les archives départementales à la recherche des minutes des procès de l'épuration, il sonne à la porte de l'archevêché. Si le cardinal Decourtray est absent, il a toutefois laissé des consignes et, comme prévu, le juge d'instruction trouve les archives ouvertes et même des assistants pour ses recherches.

À plusieurs reprises, Jean-Pierre Getti et sa greffière reprendront le chemin du numéro 1 de la place de Fourvière, saisissant nombre de papiers, en photocopiant d'autres, particulièrement dans le fonds laissé par Mgr Duquaire.

À Paris, d'autres pièces qui ne manquent pas non plus d'intérêt attendent le magistrat. À savoir le contenu des malles laissées par Touvier au fil de ses refuges monastiques. Au milieu de ce fatras de lettres et d'écrits censés préparer sa défense, le lieutenant-colonel Recordon a également mis la main sur un cahier à couverture verte, tenant à la fois du journal intime et du recueil de collages, dans lequel Touvier a consigné certaines de ses réflexions sur ses lectures ou sur les émissions télévisées qu'il a pu suivre. La lecture en est édifiante quant à la permanence de la pensée antisémite de l'auteur et sur son autre obsession : le destin, injuste comme il se doit, des criminels nazis recherchés ou traduits en justice.

Or, curieusement, ce document essentiel sur la personnalité de l'inculpé ne retient pas l'attention du juge. Dans une pareille veine, toute la bimbeloterie nazie retrouvée dans ces mêmes malles — croix de fer, insignes et décorations — est rendue à Touvier en cours d'instruction. Au grand dam des parties civiles, qui, pour la plupart, découvriront lors du procès cette étrange restitution.

Une maladresse parmi d'autres, qui fera regretter à plusieurs avocats la désignation de ce magistrat, considéré par certains d'entre eux comme un peu brouillon et par d'autres comme plus intéressé par la cavale de Touvier que par les faits constituant l'essentiel du dossier. Successivement lui seront reprochées sa méconnaissance de la période de l'Occupation, celle de la géographie lyonnaise, pourtant utile à la compréhension des faits, voire une relative légèreté — opinion que ne partagent toutefois pas Mes Joë Nordmann et Alain Lévy, qui considèrent que « l'instruction est menée avec tout le sérieux et toutes les diligences voulus ».

Son instruction à peine commencée, le juge se voit menacé par un épisode nouveau dans la vieille rivalité qui oppose Lyon à Paris. Cette fois, elle prend les formes d'une joute juridique opposant le magistrat parisien au doyen des juges d'instruction lyonnais, Jacques Hamy, chargé alors du second dossier concernant Klaus Barbie[1].

C'est devant ce magistrat expérimenté, rodé par un long passage dans les rangs de la police, réputé pour son talent à faire parler les inculpés les plus coriaces, que Robert Nathan décide, en effet, de porter plainte contre Paul Touvier, le 26 juillet 1989. En entreprenant cette démarche, ce Lyonnais poursuit un double but.

D'abord rendre justice à la mémoire de son père, Albert Nathan, assassiné à Bron à l'âge de trente-neuf ans après avoir été arrêté, un jour d'avril 1944, à l'angle des rues Pouteau et des Tables-Claudiennes, sur les pentes du quartier lyonnais de la Croix-Rousse. Alors âgé de douze ans, Robert Nathan avait assisté à l'arrestation de son père par des miliciens au nombre desquels figurait un homme élégant, aux cheveux blonds et crantés. Un visage qui resta à jamais gravé dans sa mémoire et qu'il retrouva en 1975 illustrant un article de *l'Express Rhône-Alpes* consacré à Touvier.

L'autre objectif de Robert Nathan est d'une nature différente : obtenir que le vieux milicien soit jugé à Lyon. Là où furent commis les crimes qui lui sont reprochés. Là, aussi, où fut jugé Barbie. « Le champ des activités de Touvier c'était Lyon. Mon père a été arrêté à Lyon. Je ne vois pas pourquoi on ne ferait pas ce procès à Lyon. Simple question de bon sens », déclare le plaignant à sa sortie du bureau du juge.

Robert Nathan l'apprendra à ses dépens : le bon sens ne va pas toujours de pair avec la logique judiciaire. Dans le passé les juges lyonnais avaient plus que traîné les pieds devant la perspective de s'occuper du dossier Touvier. Et si les premières plaintes visant le milicien avaient bien été déposées à Lyon, en 1973, par Mes Ugo Iannucci et Joë Nordmann, la chambre d'accusation de la cour d'appel de cette ville les avait déclarées irrecevables, contraignant la Cour de cassation à annuler cet arrêt et à désigner Paris pour instruire l'affaire.

C'est ce handicap qu'il s'agissait de remonter, et le juge Hamy s'y emploiera avec le même zèle dont il avait usé pour rendre service à son collègue parisien, en dénichant — et saisissant — dans le coffre même du procureur général de Lyon un rapport de police caviardé, rédigé au moment de la demande de grâce de Touvier. Comme, plus tard, il s'appliquera à recueillir les souvenirs de Barbie sur le milicien Touvier. Un témoignage accablant qui pèsera lourd au procès[2].

Bref, en l'espace de quelques semaines le juge lyonnais enregistre cinq dépôts de plaintes et onze constitutions de parties civiles émanant de victimes lyonnaises. Devant ce brusque déferlement, le parquet de Lyon décide d'ouvrir, le 27 octobre 1989, une information pour crimes contre l'humanité à l'encontre de Paul Touvier. Le juge Jacques Hamy l'inculpe à son tour le 22 novembre de la même année. Une double mesure qui place Lyon à égalité de chances avec Paris pour obtenir l'instruction.

Dans le même temps, de nombreuses personnalités tentent d'influer en faveur d'une instruction et d'un procès lyonnais. Le bâtonnier de Lyon, Jean Bonnard et son futur successeur, Ugo Iannucci, prennent position, bientôt rejoints par le maire, Michel Noir, qui adresse une lettre au garde des Sceaux. Serge Klarsfeld apporte alors son appui en déposant lui-même deux plaintes devant le juge

Hamy. Il est vrai que l'avocat chasseur des nazis ne cache pas son inquiétude après un arrêt rendu, le 19 octobre 1989, par la chambre d'accusation de la cour d'appel de Paris, sur une demande de mise en liberté de Paul Touvier.

Car si les magistrats parisiens, au terme de trente-neuf feuillets d'analyse, ont finalement rejeté cette demande, leur arrêt « ouvre bien des portes à l'ancien milicien », selon l'expression d'une partie civile.

On peut y relever les attendus suivants : « Le sentiment commun qui paraît prévaloir, et qui est très loin d'induire quelque trouble que ce soit, est que seule une instruction méthodique et minutieuse permettra de déterminer si les accusations qui pèsent sur l'inculpé résultent davantage de la puissance du ressentiment provoqué par les actes qui lui sont prêtés que par l'existence d'un faisceau suffisant de preuves, ou si, au contraire, ses dires ne sont que fables, les faits dénoncés lui étant personnellement et directement imputables. »

S'attachant à la notion de « trouble à l'ordre public » que pouvait entraîner une éventuelle remise en liberté de Paul Touvier, les magistrats poursuivent : « Ce qui n'est pas explicitement indiqué dans les considérations présentement analysées ayant trait au trouble causé à l'ordre public, mais ce qui est suggéré (et même ouvertement précisé dans une lettre de l'une des parties civiles), c'est que la mise en liberté de Touvier provoquerait un scandale, compte tenu de la gravité des faits qui lui sont reprochés. Or, à supposer que cela se vérifie, le trouble résulterait non pas des infractions commises mais de la mise en liberté accordée. Cet argument n'est donc pas recevable. »

Ce qui fait dire à Serge Klarsfeld : « Il est clair qu'à la prochaine demande Touvier peut être mis en liberté. Certaines phrases de l'arrêt laissent percer beaucoup d'agacement. Je respecte infiniment le travail du juge d'instruction Jean-Pierre Getti à Paris, mais je prends parti pour Lyon, qui offre plus de garanties. »

À la fin de novembre les Lyonnais sont rejoints par leur ancien procureur général, alors en poste à Paris. Usant d'une démarche peu commune, Pierre Truche — qui eut la responsabilité de requérir contre Barbie — présente à son collègue procureur général près la Cour de cassation, M. Pierre Bezio, une requête visant à obtenir la réunion à Lyon des deux dossiers Touvier.

Le 5 décembre, Pierre Bezio décide d'accéder à la demande de Pierre Truche dans une nouvelle requête, directement adressée à la Cour de cassation, « dans l'intérêt d'une bonne administration de la justice ». En raison des investigations nombreuses devant être effectuées sur place, l'instruction devait échoir à un magistrat lyonnais, estime le procureur général, pour qui il est naturel que soient instruits et jugés à Lyon des faits appartenant à l'histoire de la ville et à celle de ses habitants.

Au début de 1990, la haute juridiction met un point final à la « querelle de juges » en rejetant les motifs de la requête, « qui ne sont pas de nature à modifier les décisions précédemment rendues et qui ont conduit à donner compétence aux juridictions d'instruction de Paris ».

Au terme d'une crise qui n'a eu pour tout effet que de retarder un peu plus le déroulement de l'instruction, le juge Getti se voit donc confier l'intégralité du dossier — même si l'hypothèse d'un futur procès lyonnais n'est pas totalement écartée. Dans leur arrêt, les magistrats de la Cour de cassation n'ont-ils pas ajouté que la chambre criminelle pourrait être à nouveau saisie « dans le même intérêt d'une bonne administration de la justice, pour désigner la juridiction de jugement devant laquelle Paul Touvier serait renvoyé [...] au cas où l'inculpé serait mis en accusation » ? On sait ce qu'il en est advenu.

Longtemps déstabilisé par ce conflit, au point d'en

devenir bougon avec les journalistes, voilà que le juge Getti peut renouer avec la sérénité et faire dans la quiétude de son cabinet le décompte des plaintes et constitutions de parties civiles désormais rassemblées.

Derrière les quatre premières — assassinat des époux Basch, fusillade de Rillieux, attentat et arrestations à la synagogue du quai de Tilsitt à Lyon, rafle de Montmélian — sont venues se greffer, on le sait, une kyrielle de nouvelles plaintes, essentiellement enregistrées à Lyon. Toutes visent la participation de Touvier dans les arrestations, les séquestrations illégales, suivies de déportations ou de meurtres avec préméditation, de Juifs ou de résistants. Telles l'arrestation de Jean de Filippis, le 16 janvier 1944 à Lyon, puis sa déportation à Mauthausen, le 4 avril de la même année ; l'arrestation d'Éliette Meyer et de son fils Claude Bloch, le 29 juin 1944, et leur déportation à Auschwitz, le 3 août ; l'assassinat de Lucien Meyer — grand-père de Claude Bloch, seul survivant du drame —, le 29 juin 1944 ; l'arrestation d'Albert Nathan, le 9 mai 1944 ; l'arrestation suivie de tortures d'Émile Médina, le 19 mai 1944 à Vaulx-en-Vélin ; l'arrestation suivie de tortures de Robert Nant, le 27 mai 1944 à Collonges-au-Mont-d'Or ; et enfin l'arrestation d'André Laroche, le 29 mars 1944 à Lyon, ce jeune résistant étant également torturé avant d'être déporté à l'âge de dix-sept ans à Buchenwald, le 19 mai 1944.

Dans la foulée, le magistrat peut aussi examiner des documents obtenus de haute lutte le 28 novembre 1989, et qui constituent le dossier de grâce du responsable milicien. Ces pièces que le juge est allé récupérer — sans y être invité et en étant fort mal reçu — lors d'une visite à la chancellerie sont celles qu'avait entre les mains le président Pompidou lorsque, le 23 novembre 1971, il avait accordé sa grâce à Paul Touvier.

En acceptant de céder aux exigences du juge d'instruction, le garde des Sceaux avait rompu avec une tradition qu'il avait lui-même respectée dans le passé en refusant au juge Grellier la communication de ce même dossier. Pierre Arpaillange considérait alors — comme son prédécesseur Albin Chalandon — qu'un dossier qui se rattache à l'exercice « régalien » du droit de grâce est « par définition inaccessible », personne ne pouvant s'arroger le droit de connaître la nature des éléments ayant permis au président de la République « de se forger une intime conviction ».

Ce revirement ministériel intervenait, il est vrai, un mois après la publication de l'ouvrage de Laurent Greilsamer et Daniel Schneidermann sur Touvier[3]. Dans le chapitre consacré à la grâce présidentielle, les deux auteurs soulignaient le rôle ambigu de celui qui n'était alors que le directeur des affaires criminelles et des grâces. Pierre Arpaillange était notamment dénoncé pour avoir « géré le dossier Touvier sans animosité particulière envers l'ancien milicien ». À l'appui de cette accusation étaient citées deux lettres adressées par Pierre Arpaillange à Mgr Duquaire. Dans l'une, il lui conseillait de demander à son protégé de rester discret de crainte d'aggraver son cas. Dans l'autre, il regrettait vivement un premier refus de grâce.

S'agissait-il alors pour le garde des Sceaux de mettre fin à une polémique naissante, qui se poursuivra toutefois *mezza voce* jusqu'au procès de Versailles ?

Touvier aujourd'hui condamné, force est de constater que, si elle ne dédouanera pas Pierre Arpaillange — lui-même fort emprunté au moment de déposer —, l'audition à la barre des témoins de Anne-Marie Dupuy, plus proche collaboratrice du président défunt, a prouvé au moins une chose : plusieurs personnes dans les différents cercles de l'entourage présidentiel sont susceptibles d'avoir pu exercer une influence sur la décision de Georges

Pompidou. Ainsi, l'ex-secrétaire générale de l'Élysée confiera à la cour avoir elle-même été très touchée par le sort des enfants Touvier et avoir à sa façon pesé sur la décision du président.

Riche de ces nouveaux éléments, le dossier d'instruction s'alourdit de jour en jour, encore grossi, à raison de deux fois par semaine, par les procès-verbaux d'audition de l'inculpé.

Ces interrogatoires se déroulent toujours selon le même cérémonial. Immuablement, Touvier arrive sur son fauteuil roulant flanqué de son défenseur et de ses gardiens-infirmiers, risquant quelquefois un coup d'œil en direction des journalistes qui fréquentent le couloir de l'instruction. Mielleux, il répond de bonne grâce aux questions de Jean-Pierre Getti ; il s'étonnera, plus tard, « d'avoir eu affaire à un juge si aimable et compréhensif ». Parfois, lors de confrontations avec d'anciennes victimes, l'atmosphère se tend. Touvier refuse de parler ou, au contraire, retrouve ses accents de chef milicien pour rétorquer, protester de son innocence, voire reprendre un témoin. Comme il le fait, le 1er juin 1990, avec Robert Nathan en lui lançant sèchement : « Appelez-moi monsieur Touvier ! »

Dans une longue interview accordée à *Libération*, Jean-Pierre Getti s'expliquera en décembre 1991 sur sa méthode de travail : « Je devais, comme dans une enquête criminelle classique, chercher les preuves, les éléments qui confirment ou infirment les accusations portées contre Paul Touvier. Mais il me fallait aussi restituer ces crimes dans leur époque : un crime contre l'humanité, par définition, est un crime de droit commun commis dans certaines circonstances — celles de la guerre — et pour certains motifs — dans le cadre d'une politique d'hégémonie idéologique menée par un État. »

Et le juge d'expliquer ses recherches dans les archives,

dans les papiers personnels de Touvier, puis sa quête de témoins : « Avoir un témoin vivant, c'est autre chose que lire un procès-verbal d'audition qui remonte à quarante-cinq ans. Quand un témoin me semble intéressant, je demande à vérifier dans les fichiers d'état civil s'il y a la mention "décédé". Si la personne est vivante je la fais rechercher. Comment ? Très simple : quand vous êtes vieux, vous retournez mourir au pays. Dans 90 p. 100 des cas on a retrouvé les gens dans leur région d'origine. Gilberte Duc, on l'a retrouvée à Chambéry. Je l'ai entendue et on l'a confrontée à Touvier. »

Outre Gilberte Duc, secrétaire de Touvier à Lyon, dont le nom a été retrouvé dans les propres archives de l'intéressé, sont ainsi retrouvés de vieux miliciens comme Émile Marautel ou Edmond Fayolle, dit « la Puce », qui sera cité au procès.

À plusieurs reprises encore, le magistrat et sa greffière refont le voyage de Lyon. Le 10 juillet 1990, Touvier les accompagne afin de reconnaîre ses anciens bureaux de l'impasse Catelin, au cœur du quartier d'Ainay à Lyon. « Rien n'a tellement changé », remarque-t-il avant d'être confronté à plusieurs témoins, parmi lesquels Louis Goudard, témoin du massacre de Rillieux, dont le rôle essentiel sera souligné par la suite.

Au soir de cette journée qui voit Touvier, serré de près par un détachement du GIGN masqué et puissamment armé, revenir sur les lieux de ses crimes, Jacques Trémolet de Villers lâche une de ces déclarations provocantes qu'il affectionne : « La limite de cette instruction n'est pas juridictionnelle mais politique [...]. L'affaire Touvier c'est l'affaire Dreyfus à l'envers [...]. En l'état il est impossible de renvoyer Paul Touvier devant les assises. »

La suite lui prouvera que non.

Pourtant, en ce mois de juillet 1990, le défenseur de Touvier a toute les raisons d'être optimiste. Le juge d'instruction ne vient-il pas d'annoncer que plusieurs chefs d'inculpation retenus contre l'ancien milicien pourraient être abandonnés ? C'est le cas pour l'attentat perpétré au cours de l'hiver 1944 contre la grande synagogue de Lyon et la déportation, six mois plus tard, des gardiens de cette synagogue — les époux Eisner — et de plusieurs fidèles.

« Touvier avait toujours contesté ces faits, expliquera Jean-Pierre Getti, avant de poursuivre : Or il est certain maintenant qu'il n'était pas dans le coup, que cette action n'a pas été menée par la Milice mais par une autre organisation. »

Dans les mois qui suivent, le juge constate « l'action publique éteinte » à propos des plaintes d'André Laroche, Émile Médina et Robert Nant, les faits reprochés à Touvier constituant, pour le magistrat, des « crimes de guerre » désormais prescrits.

Comme dans le cas de la grande synagogue de Lyon, Jean-Pierre Getti se décide ensuite à signer d'autres non-lieux, faute de preuves ou d'éléments tangibles capables d'étayer une accusation. C'est ainsi que disparaissent de ce dossier « peau de chagrin » la rafle des réfugiés espagnols de Montmélian ou encore l'arrestation d'Albert Nathan. Et quand, le 29 octobre 1991, au terme de vingt-huit mois d'instruction, le juge signera son ordonnance de transmission de pièces au procureur général, seuls subsisteront le massacre de Rillieux, l'assassinat des époux Basch, l'arrestation et la déportation du résistant Jean de Filippis, l'assassinat de Lucien Meyer, les arrestations et déportations de Claude Bloch et de sa mère Éliette Meyer, la tentative d'assassinat d'un groupe de personnes d'origine juive. Autant de crimes prévus et punis par l'article 6 du statut du tribunal militaire international de Nuremberg, la résolution des Nations unies du 13 février 1946, la loi française du 26 décembre 1964 et diverses dispositions du Code pénal.

Touvier est-il malgré cela en passe d'être enfin jugé ? Personne, en fait, ne peut l'affirmer après le nouveau coup de théâtre survenu le 11 juillet 1991, avant même la clôture officielle de l'instruction. Ce jour-là, comme pour confirmer les craintes exprimées plus tôt par Serge Klarsfeld et alimenter les soupçons de ceux qui voient en la justice une institution plus que bienveillante envers Paul Touvier, la chambre d'accusation de la cour d'appel de Paris — contre l'avis du parquet — décide de faire droit à une nouvelle demande de mise en liberté déposée par Jacques Trémolet de Villers.

Jugeant la procédure « en voie de règlement », ajoutant que, « compte tenu de l'importance du dossier et de la nécessité de procéder à un examen approfondi des questions de droit qui se posent, il apparaît d'ores et déjà certain que l'ordonnance de clôture n'interviendra pas à brève échéance », les magistrats parisiens concluent que le maintien en détention de Paul Touvier n'est plus « dans ce contexte nécessaire à la manifestation de la vérité ».

Cette décision surprend plus d'un spécialiste : elle est certes remarquable en ce qu'elle rappelle que la détention provisoire doit demeurer l'exception, mais chacun sait que la réalité est tout autre. Comment imaginer en effet qu'un inculpé poursuivi pour un crime contre l'humanité, qui ne présente de surcroît pas la moindre garantie de représentation, soit remis en liberté au motif que sa détention ne serait plus « nécessaire à la manifestation de la vérité », alors que les maisons d'arrêt françaises regorgent de prévenus poursuivis pour des délits mineurs en attente d'être jugés ?

Seulement assujetti au versement d'une caution de soixante mille francs et à un contrôle judiciaire l'obligeant à pointer une fois par semaine au commissariat de son domicile, celui qui pendant quarante-cinq ans s'était soustrait à la justice retrouve donc la liberté.

Quelques semaines plus tard, une photo publiée par *France-Soir* montre l'ancien milicien, casquette blanche et lunettes noires, posant sur les Champs-Élysées sur fond d'Arc de triomphe et de tombeau du Soldat inconnu.

1. Jacques Hamy était chargé d'instruire une plainte pour crimes contre l'humanité visant Klaus Barbie et concernant l'arrestation et la déportation de deux résistants interpellés en même temps que Jean Moulin à Caluire : André Lassagne et Bruno Larat. Cette information a été interrompue par la mort de Barbie.

2. Le 7 juin 1990, Jean-Pierre Getti était allé entendre Barbie dans sa cellule de la prison Saint-Paul à Lyon. Toutefois, le vieux nazi s'était refusé à lui répondre, déclarant qu'il préférait parler à « son juge », Jacques Hamy.

3. *Un certain Monsieur Paul. L'affaire Touvier*, Fayard, 1994.

V

Quand les juges réécrivent l'histoire

Quand, au téléphone, il entend la voix de son avocat lui annoncer la douloureuse nouvelle, la colère envahit dans un premier temps Georges Glaeser. Une fois le calme revenu dans son appartement strasbourgeois, d'autres sentiments s'imposent doucement. Une infinie tristesse d'abord, la certitude d'être une fois de plus victime d'une injustice, l'impression d'être seul, ou presque, face à une force organisée et mystérieuse, transcendant les institutions, imposant le silence sur le passé et assurant sa protection à l'assassin de son père.

Mais le vieil universitaire n'est pas pour autant découragé. Le combat entamé voilà près de vingt ans lui a donné une patience infinie et la capacité d'encaisser les coups que peut réserver la justice.

Dans son histoire personnelle, il peut aussi puiser la force d'affronter ceux que ménage le sort. Il était un tout jeune homme à l'heure où son père, Léo Glaeser — avocat originaire de Riga, réfugié en France avant de devenir l'une des figures de sa communauté —, a été fusillé devant le mur du cimetière de Rillieux-la-Pape, aux côtés de six autres Juifs. Georges, replié dans la région de Clermont-Ferrand, tentait, lui, d'échapper aux rafles, changeant sans cesse de cachette, au gré de solidarités qui n'ont cessé de se manifester, chez les Juifs comme chez les chrétiens. Un combat pour la survie rendu plus difficile encore par la nécessité qu'il avait de travailler et par le propre impératif qu'il s'était fixé de continuer ses études de mathématicien.

De pareilles épreuves conduisent à espérer toujours, même au cœur du désespoir, apprennent à croire en l'homme et à se méfier des pouvoirs. Autant d'enseignements dont le professeur à l'université Pasteur de Strasbourg a besoin en ce jour de printemps 1992 pour prendre la décision de continuer. « Lorsque, le 9 novembre 1973, je me suis lancé dans cette affaire, en chargeant mes avocats de déposer à Lyon la première plainte pour crime contre l'humanité à l'encontre de Paul Touvier, j'étais déterminé mais sans illusion. C'est dans cet état d'esprit que j'ai accueilli le non-lieu général », se souvient-il.

Tous n'ont pas eu le sang-froid de Georges Glaeser face à ce nouveau rebondissement, intervenant neuf mois seulement après la décision de cette même chambre d'accusation de la cour d'appel de Paris de remettre en liberté Paul Touvier.

Touvier qui, après quarante-cinq ans de cavale, après vingt ans d'instruction s'achevant sur une ordonnance de transmission de pièces concluant à son renvoi aux assises pour crimes contre l'humanité, sans omettre les deux années de détention préventive, se retrouve ainsi lavé de toutes les accusations portées contre lui.

Libre, surtout, de disparaître à nouveau.

Les règles de la procédure française le veulent ainsi : au terme de son information, le juge d'instruction soumet obligatoirement — sauf non-lieu — son dossier à la chambre d'accusation de la cour d'appel, dont le rôle est de déceler d'éventuelles nullités et de dire s'il existe des charges suffisantes pour renvoyer l'inculpé devant une cour d'assises.

C'est ce que fit le juge Getti, le 29 octobre 1991, en retenant sept faits susceptibles de faire comparaître Touvier devant les jurés.

Un mois plus tard, au début de décembre 1991, l'affaire est examinée par les magistrats de la chambre d'accusation de la cour d'appel de Paris, au cours d'une audience à huis clos réunissant, outre les juges et l'avocat général Chambeyron, le défenseur de Touvier, Jacques Trémolet de Villers, qui s'est adjoint le concours d'une de ses consœurs parisiennes — Me Françoise Besson. Face aux deux défenseurs du milicien se tiennent les représentants des parties civiles.

D'entrée le ton est donné, le président Henne se livrant à un rapport d'une partialité stupéfiante qui fera ronronner d'aise l'avocat de la défense. Lequel n'est pas en reste, puisqu'il a lui-même déposé un mémoire de trois cents pages, tenant à la fois de l'apologie du maréchal Pétain et de l'essai en réhabilitation du régime de Vichy.

Au moment où ils se succèdent pour prendre la parole, les représentants des parties civiles se confortent dans leur première — et désagréable — impression. Rarement, diront-ils, ils eurent autant la sensation de plaider dans le désert. C'est-à-dire devant des magistrats affichant ouvertement leur indifférence.

Le président bâille à s'en décrocher la mâchoire, tapote distraitement son bureau, voire discute avec chacun de ses assesseurs, M. Chagny d'un côté, M. du Pertuis de l'autre. Pas un instant ils ne feront mine de dresser l'oreille pour écouter Mes Joë Nordmann, Ugo Iannucci, Charles Libmann, Alain Lévy, Gérard Naudin... Leurs propos tombent à plat, même quand tour à tour ils dénoncent vigoureusement le mémoire de leur adversaire — qualifié de « nec plus ultra » du négationnisme — et sa théorie de la « légitime défense d'autrui » appliquée au massacre de Rillieux. Une notion introduite par Jacques Trémolet de Villers pour les besoins de sa cause et qui pourrait tenir en cette simple formule : « Certes, des Juifs ont été tués, mais c'était pour en sauver d'autres. »

Enfoncés dans leurs sièges, les trois magistrats se montreront à peine plus courtois avec leur collègue du parquet général. Il est vrai que celui-ci est resté fidèle à ses réquisitions écrites et conclut au renvoi de Paul Touvier devant les assises de la Seine.

Il faudra attendre la plaidoirie de la défense pour assister au réveil des juges. Et pourtant, Jacques Trémolet de Villers se livre à un exercice ordinairement peu prisé par les magistrats. À savoir un discours-fleuve, reprenant point par point les détails de son imposant mémoire. Mais qu'importe, ces messieurs de la chambre d'accusation sourient, traduisent par différentes mimiques l'intérêt qu'ils prennent à ouïr pareils propos. Quand l'avocat, enfin, se tait, il s'en faut de peu pour que fusent les félicitations.

La dignité reprenant le pas, le président Henne se contente toutefois d'un laconique « Délibéré au 26 février » pour signifier la fin de l'audience.

En se retirant, les parties civiles conversent à voix basse, tentant de se persuader les unes les autres de l'impossibilité d'un non-lieu. Reste que, dans le secret de sa conscience, chacun s'est d'ores et déjà résolu à cette éventualité.

Le 26 février passe sans que tombe l'arrêt tant redouté. La chambre d'accusation a en effet décidé d'ordonner une « réouverture des débats ». La démarche est inhabituelle. En l'occurrence, elle est destinée à permettre à l'ensemble des parties de s'exprimer sur l'ajout au dossier du rapport rédigé par la commission d'historiens sur Touvier et l'Église.

Le 19 mars, chacun se retrouve donc dans la salle d'audience baignée de la même ambiance. Et pis encore puisque, au fil de sa nouvelle plaidoirie, Jacques Trémolet de Villers s'en prend avec vigueur au travail des historiens : « En fait, c'est le rapport des parties civiles. » Volontiers provocateur de nature, aussi beau parleur qu'habile plaideur, l'avocat se déchaîne, accuse, ironise, en remet. Comme si, au-delà de la simple rancœur d'un défenseur pouvant se sentir solitaire, il s'agissait surtout de tailler une brèche dans le dispositif adverse, d'isoler les parties civiles représentant le « monde résistant », qu'il récuse, de celles assurant les intérêts des victimes et associations juives, dont il ne parle même pas. Lancé, l'avocat s'attaque ensuite à ses confrères, et notamment à Joë Nordmann[1], qui se voit reprocher ses engagements politiques passés. Même les absents ne sont pas épargnés, tel Serge Klarsfeld, critiqué pour son zèle à poursuivre Touvier.

Ces propos aussi peu confraternels que déontologiques soulèvent l'ire d'Ugo Iannucci, le bâtonnier de Lyon étant par nature et par devoir peu enclin à goûter une telle attitude. Reprenant la parole, il demande au président de faire consigner l'incident par la greffière et réclame la venue immédiate du bâtonnier de Paris.

Devant le refus du président Henne, Ugo Iannucci insiste, quitte à se retourner vers la greffière et à lui rappeler qu'elle est indépendante.

Le ton monte. Finalement, le président se retire, imité par ses assesseurs. Une façon un brin théâtrale de mettre fin à une audience sur laquelle on s'interroge encore. Quelle utilé avait-elle, sinon celle de préparer la décision qui allait suivre ?

Le 13 avril, l'arrêt pressenti tombe effectivement. La chambre d'accusation de la cour d'appel de Paris accorde un non-lieu général à Paul Touvier.

La décision a de quoi choquer au regard du dossier et des charges rassemblées par le magistrat instructeur. En fait, elle se révélera vite scandaleuse quand les détails en seront connus.

En deux cent quatorze pages, les juges censés parler au nom du peuple français se sont livrés à un exercice incongru : réécrire l'histoire. Et avec une plume que l'on pourrait croire trempée dans la même encre que celle utilisée par les « historiens » négationnistes.

Ainsi pourra-t-on lire à propos du régime de Vichy que celui-ci n'avait d'autre idéologie qu'une « constellation de "bon sentiments" et d'animosités politiques » et que sa politique de collaboration est « à l'origine, une politique pragmatique ».

À propos des « partisans haut placés du maréchal Pétain », les juges affirment sans ambages : « Ils avaient une méconnaissance totale de l'idéologie nationale-socialiste allemande. » Faisant fi de la promulgation du statut des Juifs, dont la première version a été rédigée dès l'automne 1940 — avant toute demande allemande —, passant aux poubelles de l'histoire les accords Bousquet-Oberg, la rafle du Vel d'Hiv et les camps de concentration français de Gurs, Rivesaltes, Beaune-la-Rolande ou Pithiviers, ils notent plus loin : « On n'arrivera jamais, sous la France de Vichy, à la proclamation officielle que le Juif est l'ennemi d'État. »

La preuve ? « Aucun des discours du maréchal Pétain ne contient de propos antisémites. »

Et les mêmes de déclarer encore que le régime de Vichy n'eut pas « la vocation ni l'occasion d'asseoir une domination quelconque et d'imposer une idéologie conquérante ».

But de cette accumulation d'approximations historiques ? Établir que les serviteurs du régime de Vichy, fussent-ils miliciens, ne peuvent se voir reprocher un crime contre l'humanité. Car si les magistrats ont balayé l'essentiel des charges contre Touvier en les estimant « insuffisantes », il leur a été impossible de procéder de la même façon avec le massacre de Rillieux-la-Pape, l'implication de l'inculpé dans ce drame étant établie, ne serait-ce que par ses propres aveux.

« On a pris les Juifs », avait déclaré dans une interview Paul Touvier pour justifier le choix de ses victimes, abattues en représailles à l'exécution par la Résistance de Philippe Henriot, secrétaire d'État à l'Information de Vichy et milicien lui-même.

Selon la définition du crime contre l'humanité établie par le tribunal international de Nuremberg, reprise et complétée par la Cour de cassation à l'occasion de l'affaire Barbie, un tel acte doit avoir été commis « au nom d'un État pratiquant une politique d'hégémonie idéologique [...] de façon systématique, non seulement contre des personnes en raison de leur appartenance à une collectivité raciale et religieuse, mais aussi contre les adversaires de cette politique, quelle que soit la forme de cette opposition ».

Or, après avoir constaté que la France de Vichy ne pratiquait pas une politique « d'hégémonie idéologique », il suffisait aux juges parisiens de relativiser le rôle de la Milice : « La Milice ou tout du moins certains de ses éléments avaient sans doute la volonté de s'emparer de l'appareil d'État, ce qui n'était qu'un projet qui n'a pas été réalisé, et de devenir le parti unique du pays, ce qui n'a pas été réalisé non plus. » Une démonstration qui leur permettait de mettre un point final à leur argumentaire en s'attaquant en ces termes au problème posé par la fusillade de Rillieux : « On ne peut soutenir que le massacre de Rillieux puisse s'inscrire dans un plan concerté d'extermination. Il s'agit d'un événement tragique qui a pour cause l'assassinat de Philippe Henriot à Paris. Tout montre qu'il ne peut s'insérer dans un plan méthodique d'extermination froidement exécuté, mais constitue essentiellement une réaction criminelle "à chaud" spectaculaire, féroce et relativement improvisée. Quels que soient les mobiles avancés par Touvier, quelle que soit l'horreur du drame, l'analyse qui vient d'être exposée ne permet pas de considérer qu'il s'agit, sous quelque angle qu'on se place, d'un crime contre l'humanité entraînant le régime d'imprescriptibilité attaché à cette catégorie d'infractions. »

Le tollé est immédiat. Partout en France, à l'exception des journaux d'extrême droite soulagés de voir « blanchi » le « martyr » Touvier, la presse proteste à longueur de pages et d'éditoriaux vengeurs. La classe politique s'en mêle. À commencer par François Mitterrand, qui, depuis la Turquie où il est en déplacement, se déclare « surpris... C'est un mot modeste ». Son Premier ministre, Pierre Bérégovoy, affirme de son côté comprendre « l'indignation qui s'est partout exprimée dans le pays ». Sans doute fait-il allusion à un sondage de l'institut CSA qui indique que 73 p. 100 des Français se disent « choqués » par la décision de la cour d'appel de Paris.

Plus surprenant, au sein même de la magistrature — corps traditionnellement soudé — des voix s'élèvent pour critiquer l'arrêt des « juges-historiens ». Il est vrai que cette institution, comme l'Église avant elle, se voit sérieusement malmenée par les remous de l'affaire Touvier. Les commentateurs ne se gênent pas pour dénoncer une telle justice et rappeler qu'à une exception près l'ensemble des magistrats français avait prêté le serment de fidélité à Pétain.

Et comme si cela ne suffisait pas, une nouvelle vient jeter un peu plus d'ombre sur l'arrêt controversé : on apprend qu'un haut magistrat de cette même cour d'appel de Paris, à la chambre sociale, est membre du comité de défense de Paul Touvier.

Soucieux de faire respecter le droit autant que de mettre fin à l'incendie qui ravage le château, le parquet général — encouragé par la chancellerie — se pourvoit en cassation. Pierre Truche, encore lui, se charge de laver l'honneur de la magistrature en rédigeant un sévère réquisitoire contre ses collègues de la chambre d'accusation, coupables à ses yeux de s'être « non seulement contredits » mais d'avoir « de surcroît omis de statuer sur le chef d'inculpation dont ils étaient saisis ». « Alors que Touvier était inculpé de crimes contre l'humanité, sous la qualification d'assassinats, ils n'ont motivé leur décision qu'au regard de la qualification, bien différente, d'extermination », note le procureur général avant de continuer : « Il leur était manifestement impossible d'affirmer, en l'état des constatations de fait contenues, par ailleurs, dans leur arrêt et des aveux mêmes de Touvier, que ce dernier n'avait pas participé à un plan concerté d'assassinat de sept Juifs pris en tant que tels. » Et Pierre Truche d'ajouter ce commentaire essentiel pour la compréhension des événements qui allaient suivre : « En l'état de ces constatations et énonciations, la chambre d'accusation ne pouvait sans se contredire affirmer que Touvier n'avait pas été l'exécuteur d'une décision prise par les Allemands. »

Le 25 novembre 1992, la chambre criminelle de la Cour de cassation se réunit en audience plénière sous la présidence de Christian Le Gunéhec. Pendant deux jours, la haute juridiction — chargée d'apprécier uniquement la régularité juridique des décisions qui lui sont soumises — va se pencher sur le pourvoi formé par le parquet général. Le 27 novembre, elle estime que les magistrats de la cour d'appel de Paris ont bien respecté les règles de droit concernant cinq des chefs d'accusation à l'exception du sixième : l'exécution des sept Juifs abattus à Rillieux. Toutefois, la Cour de cassation ne modifie pas, sur le fond, l'analyse des premiers juges quant au crime contre l'humanité. Elle retient cependant que les faits de Rillieux sont bien susceptibles de constituer un tel crime imputable aux Allemands, et de complicité à la charge de Paul Touvier, qui a reconnu y avoir apporté aide et assistance. Une définition étroite qui ne sera pas sans poser de problème au moment du procès, notamment entre les parties civiles.

Il n'empêche, l'arrêt inique est cassé et le dossier Touvier renvoyé devant une autre chambre d'accusation, celle de Versailles, au motif qu'il « n'est pas d'usage juridique de renvoyer à une chambre d'accusation un dossier dans lequel elle a rendu une décision ayant fait l'objet d'une cassation ».

Pour la première fois on voit poindre, enfin, l'horizon du procès public.

Le 28 avril 1993, à huis clos, la chambre d'accusation de la cour d'appel des Yvelines examine donc à son tour le dossier.

L'ambiance à Versailles est tout autre qu'à Paris, comme en témoigne le rapport du président Jean-Marie Gonnard, qualifié de « très détaillé » et de « remarquable » par les parties civiles.

Et c'est au tour de Jacques Trémolet de Villers d'être critiqué par l'avocat général Bernard Pastouraud, qui, après avoir confirmé ses réquisitions écrites concluant au renvoi de Paul Touvier devant les assises, stigmatise la thèse de la « légitime défense d'autrui » prônée par la défense.

Sans se démonter, l'avocat qui a rédigé pour l'occasion un nouveau et copieux mémoire, reprend sa démonstration : « Touvier a agi dans un état de nécessité. C'était une opération de sauvetage dans des conditions dramatiques. » Reste que le ton de l'avocat est un peu plus bas. « On sentait qu'il n'y croyait plus », dira de lui un de ses adversaires. Ainsi, dès l'issue de l'audience, le conseil de Touvier annonce sa volonté de se pourvoir en cassation en cas de décision contraire à son souhait.

Le 2 juin, son pressentiment se vérifie. La chambre d'accusation renvoie Paul Touvier devant les assises de Versailles, au motif qu'en participant au massacre de Rillieux, il « s'est rendu sciemment complice d'un crime contre l'humanité ».

Comme on le constate, la leçon de la Cour de cassation a porté, les juges versaillais ajoutant dans leur arrêt : « La responsabilité de Touvier est engagée du seul fait de ses agissements personnels, bien qu'il n'ait pas été lui-même ressortissant d'un pays européen de l'Axe », avant de poursuivre : « Il n'est donc pas nécessaire de suivre les parties civiles dans leur argumentation tendant à établir que la Milice et le gouvernement de l'État français dont Touvier était le serviteur auraient eux-mêmes été complices de l'État nazi dans sa politique d'hégémonie idéologique. »

Ainsi, le procès de Touvier ne sera que celui d'un homme et tout au plus celui de la Milice ; ce ne sera cependant ni le procès de l'État français, ni celui de la collaboration.

Le 21 octobre, la Cour de cassation rejette les pourvois formés par Touvier, confirmant son renvoi devant les assises pour complicité de crime contre l'humanité. Les hauts magistrats font, au passage, litière de la « légitime défense d'autrui », argument qui ne pouvait être employé par Touvier, « ses fonctions à la Milice le mettant dans l'obligation de satisfaire aux exigences des autorités nazies ».

Un ultime débat s'ouvre alors, les parties civiles souhaitant que Touvier soit jugé à Lyon et non à Versailles. La symbolique, l'âge des témoins, le principe qui veut que les crimes soient jugés là où ils ont été commis sont à nouveau énoncés au nombre des arguments.

Malgré l'engagement en ce sens de Pierre Truche,

maintenant procureur général près de la Cour de cassation, celle-ci répondra par la négative le 4 novembre 1993, oubliant que quelques mois plus tôt elle avait laissé la porte ouverte à cette éventualité. Agacement vis-à-vis de ces Lyonnais insistants, alors que dans le passé ils s'étaient montrés au contraire bien peu intéressés par le dossier ? Peur d'un procès trop médiatique ? Respect de la logique judiciaire ? La réponse appartient aux magistrats de la haute juridiction.

« L'important c'est que le procès ait lieu », constateront les avocats lyonnais déçus par cette décision. Sans pour autant dissimuler leur nouvelle frayeur : Versailles la très conservatrice jugera-t-elle comme Lyon, capitale de la Résistance ? Le procès de Paul Touvier sera-t-il le pendant de celui de Klaus Barbie ? Jugée loin de Lyon, l'affaire aura-t-elle la même signification, le même retentissement ?

LES ACTES

I

« La cour ! »

Les procès commencent toujours de la même façon : un coup de sonnette d'abord, puis une annonce : « La cour ! » Il en est allé ainsi pour le procès d'Eichmann à Jérusalem ou pour celui de Barbie à Lyon. Seuls les décors changent. Décrivant l'aménagement du tribunal israélien, Hannah Arendt avait utilisé l'adjectif « théâtral[1] ». Un terme qui aurait pu être repris à propos de celui de Lyon, tant la cour d'appel avait mobilisé de moyens pour transformer une salle des pas perdus en vaste salle d'audience, capable à la fois d'assumer la solennité du moment et d'accueillir un large public qui n'a d'ailleurs jamais déserté.

À Versailles, rien de tout cela. Au contraire. De construction récente, la salle qui abrite d'ordinaire la cour d'assises des Yvelines est plutôt exiguë. Un mélange de brique, de béton « brut de décoffrage » et de bois plaqué donne à l'ensemble une allure quelconque. Des travaux ont bien été hâtivement entrepris dans les semaines qui ont précédé le procès, pour accroître la capacité de cette salle et monter, à destination de l'accusé, une lourde cage de verre à l'épreuve des balles, mais rien n'y a fait. Dans ce cadre à la banalité affligeante, on verrait plus volontiers siéger une juridiction administrative que se dérouler un procès historique pour crime contre l'humanité.

Certes, les parties civiles ont gagné un peu d'espace. Bien sûr, l'agrandissement d'une mezzanine a permis d'assurer une place à chaque journaliste — ou presque. Il est vrai enfin que le public, s'il n'est pas trop nombreux, peut accéder à quelques sièges. À condition toutefois de franchir l'imposant dispositif policier qui a été déployé dans et autour du palais de justice, contraignant chacun a être dûment muni des accréditations nécessaires pour espérer pénétrer dans la forteresse.

Si les conditions matérielles laissent donc à désirer, il faut reconnaître à la justice versaillaise le mérite d'avoir eu le souci de ne pas retarder davantage encore une affaire qui avait déjà tant duré.

Alors que le procès était attendu pour le deuxième semestre, les différentes parties apprennent au début de l'année 1994 qu'il s'ouvrira en définitive dès le 17 mars, les débats devant se prolonger pendant deux à trois semaines.

La promptitude avec laquelle les magistrats ont organisé l'audience pousse les nombreuses parties civiles à s'organiser plus vite que prévu. Le 14 janvier, soucieuses de ne pas renouveler à Versailles les erreurs commises à Lyon cinq années plus tôt[2], elles se réunissent dans le cabinet de Me Nordmann pour tenter d'harmoniser leurs différentes appréciations du dossier et leur argumentaire.

Le 11 février, une seconde réunion tenue au même endroit montre que ce pari est loin d'être gagné. Si l'ensemble des participants affiche sa bonne volonté, un nouveau venu dans le dossier vient semer la zizanie.

Il a le profil de Bonaparte franchissant le pont d'Arcole et une décontraction affectée. Il est aussi le fils de Serge Klarsfeld, qui a choisi de s'effacer à son profit en lui confiant le soin de défendre les intérêts de l'association partie civile « Les fils et filles des déportés juifs de France » et ceux de la famille de Siegfried Prock. Il est également le fils de Beate Klarsfeld, figure emblématique des années soixante qui, après avoir débuté dans la carrière en giflant le chancelier de RFA, s'est révélée redoutable et redoutée dans la chasse aux nazis.

On comprend qu'avec une telle ascendance Arno Klarsfeld ressente aujourd'hui le besoin de s'affirmer. C'est d'ailleurs ce qu'il fera avec entêtement devant ses confrères, en leur faisant part de sa divergence complète quant à la stratégie à employer. Refusant de plier devant le cadre étroit défini par la cour d'appel de Paris et par la Cour de cassation, le jeune avocat — il a alors vingt-sept ans — ne veut pas, au nom d'une vérité historique à laquelle il refuse de tordre le cou pour les besoins de la cause, impliquer les Allemands dans le drame de Rillieux. « Il n'y a jamais eu d'Allemand dans cette histoire, explique-t-il, en substance, à son auditoire. Touvier et la Milice ont agi de leur propre chef, dans le but de venger Philippe Henriot dont le sort indifférait les Allemands. On sait très bien que les hauts fonctionnaires de Vichy ont souvent agi de leur propre initiative, comme Bousquet autorisant la déportation des enfants de moins de dix-huit ans. »

Mis en minorité, il décide de passer outre, malgré les conseils de plusieurs avocats inquiets à l'idée de voir les divisions de la partie civile exploitées par la défense.

Mieux, le 9 mars, à quelques jours de l'ouverture du procès, il accorde à *Libération* un entretien tout entier consacré à sa thèse, lequel est accueilli avec consternation par ses confrères à nouveau rassemblés. La publication de l'interview ne pouvait, en effet, plus mal tomber puisqu'ils doivent rencontrer ce jour-là, à Versailles, la cour, le ministère public et la défense. Il s'agit alors d'organiser les débats et d'établir un planning pour l'audition des témoins. Mais cette réunion préparatoire a également une autre utilité : permettre à tous de faire plus ample connaissance avec le président de la cour et le représentant du parquet.

Dans un premier temps, c'est bien sûr la personnalité d'Henri Boulard, premier président de la cour d'appel de Versailles, qui monopolise toutes les attentions. Âgé de soixante-quatre ans, connu pour sa rondeur et sa prudence, il considère qu'il était de son devoir de diriger des débats qui pouvaient se révéler délicats, et refuse d'abandonner cette responsabilité à l'un de ses conseillers. Décision courageuse pour un homme qui n'a pas pratiqué les assises depuis près de dix ans et qui, au terme d'une carrière exemplaire, devrait d'autant plus aspirer à une retraite prochaine qu'il vient d'être affecté par de graves problèmes de santé.

Reste que l'enjeu historique du procès va profondément intimider le magistrat. Autant, tout au long du procès Barbie, le président René Cerdini ne s'était jamais départi de sa dignité ni de sa tranquille autorité, autant Henri Boulard fera preuve d'une fébrilité sans doute dictée par un souci de « bien faire ». Mal assuré dès le début de la première audience, il se laissera à plusieurs reprises contaminer par l'ambiance du procès.

Quand Jacques Trémolet de Villers tente de désamorcer l'émotion en se risquant à faire un peu d'humour, il trouve devant lui un président au visage épanoui par un large sourire. Quand l'ancien milicien Minvielle, cité par la défense, se présente à la barre et se lance dans un discours fumeux, le président se refuse à l'interrompre, quitte à être lui aussi gagné par l'hilarité générale. D'un tempérament sanguin, enfin, il sera à plusieurs reprises envahi par la colère face à la mauvaise foi évidente de Touvier. Quitte, encore, à laisser transparaître les sentiments négatifs que lui inspire l'accusé et à servir sur un plateau l'occasion d'un incident d'audience à la défense, qui, d'ailleurs, n'en profitera pas.

Ces brusques « accès d'humeur », pour maladroits qu'ils soient, ne doivent toutefois pas gommer ce trait essentiel de la personnalité du magistrat : Henri Boulard est un homme de consensus qui déteste les situations conflictuelles. Formé dans la tradition démocrate-chrétienne, modéré de nature, convaincu de la grandeur de la justice populaire, il n'est pas de ceux qui profitent de leurs robes bordées d'hermine pour imposer leurs vues. Bref, Henri Boulard n'est pas un président directif. Au contraire, il laisse faire...

Bon enfant, il ne peut s'empêcher de verser dans un excès de familiarité qui se conjugue mal avec la nature du procès. Brouillon, il ne mènera pas toujours l'interrogatoire de l'accusé avec la rigueur nécessaire, privant l'audience d'une partie de sa substance. Ainsi, quand il interpelle Touvier, ses questions se succèdent si rapidement que son interlocuteur n'a pas toujours le temps de répondre. De ce fait, des explications intéressantes, sinon nécessaires, échapperont à la cour ; des contradictions ne seront pas relevées. Sa bonhomie et son extrême gentillesse permettront cependant au bout du compte de mener le procès à son terme sans incident majeur.

L'avocat général Hubert de Touzalin, cinquante-neuf ans, appelle également la curiosité des participants. Notamment celle des parties civiles, qui cherchent à deviner quel homme se cache derrière les traits austères de cet ancien officier devenu procureur. Son ton est courtois, son vocabulaire d'une extrême précision, et il peut en remontrer à Jacques Trémolet de Villers dans l'art de manier l'imparfait du subjonctif. Mais son passé comme son origine aristocratique suscitent des interrogations. Un temps, un bruit va même courir sur de prétendus liens de parenté l'unissant à Jacques Trémolet de Villers.

Autant dire que, au terme de cette réunion, la confusion règne dans des esprits perturbés tant par l'impression laissée par les hommes que par des rumeurs qui se révéleront infondées. Le résultat du travail de la journée participe également de ce malaise.

D'abord, en raison du nombre des témoins, la durée du procès a été singulièrement allongée, puisqu'il durera en définitive cinq semaines. Ensuite, le planning établi par le président Boulard manque de cohérence. Fidèle à lui-même, le magistrat a voulu ne chagriner personne et prendre en compte les intérêts de tous. De ce fait, les témoins des mêmes faits ne déposeront pas le même jour. Enfin, la liste des témoins de la défense, que Jacques Trémolet de Villers a jusqu'ici tenue secrète, n'est pas sans soulever des questions. Passant sur le fait que l'avocat de Touvier ait convoqué à la barre l'actuel Premier ministre — Édouard Balladur — et l'ancien garde des Sceaux — Pierre Arpaillange — pour témoigner sur la grâce accordée par Georges Pompidou, les parties civiles s'interrogent sur la présence dans cette liste d'étoiles déclinantes de l'extrême droite, dont on se demande ce qu'elles peuvent apporter à sa cause. Le nombre restreint d'ecclésiastiques cités, dans une affaire où pourtant ils abondent, étonne également.

Un dernier élément finit de jeter le désarroi : à savoir le peu d'empressement manifesté par la municipalité versaillaise pour accueillir une quelconque manifestation en marge de l'événement. Ainsi le maire, André Damien, a-t-il refusé une salle pour abriter une exposition consacrée « Au temps des rafles » organisée conjointement par le CRIF (Conseil représentatif des institutions juives de France) et le comité de coordination des parties civiles. De toute évidence, Versailles préfère continuer à être connue pour son château que pour le procès qui, désormais, s'attachera à son nom[3].

« La cour ! » Pour la seconde fois, l'huissier a crié son annonce. En vain. La porte par laquelle devaient entrer les magistrats reste close, ou presque. De loin en loin, un des nombreux policiers en civil chargés de la sécurité l'entrebâille pour jeter un coup d'œil curieux sur la salle et sur le public qui, debout, attend maintenant depuis de longues minutes l'ouverture du procès.

Une patience distraite par quelques menus incidents. Telle cette bataille feutrée qui se déroule entre les avocats des parties civiles pour l'attribution des places situées au premier rang.

Après de délicates tractations, il avait pourtant été convenu que celles-ci seraient occupées par les avocats ayant le plus œuvré dans le dossier, les Nordmann, Lévy, Iannucci, Libmann, auxquels devait se joindre Henri Leclerc, arrivé plus tardivement dans l'affaire mais reconnu pour sa maîtrise de la procédure des assises.

Une nouvelle fois, à la manière d'un jeune chien dans un jeu de quilles, Arno Klarsfeld dérange cette belle disposition en décidant d'autorité de s'asseoir à une de ces places réservées : celle de Charles Libmann, qui défend avec lui les mêmes intérêts. À son arrivée, ce dernier le prend fort mal, refusant comme Klarsfeld de céder le moindre pouce de terrain. C'est finalement Henri Leclerc qui fera les frais de cet épisode peu glorieux, se voyant reléguer au dernier rang.

En face, une autre comédie se joue aussi, entre Touvier et les photographes, le premier refusant aux seconds le droit de le photographier menottes aux poignets. Là encore, des pourparlers s'engagent entre la défense, le service d'ordre et les journalistes, qui accepteront finalement de déserter la salle d'audience, le temps pour l'accusé d'être libéré de ses entraves.

Veste verte, chemise rouge nouée au col par un lacet, Touvier entre à 14 heures dans la cabine qui l'abritera pendant cinq semaines. L'homme est pâle, lisse et placide. Il subit sans ciller l'épreuve des objectifs avant de s'entretenir avec son défenseur par l'entremise d'un téléphone, seul moyen de communiquer de part et d'autre du verre blindé. À la suite de quoi il se carre difficilement dans son fauteuil, lance un regard distrait en direction des parties civiles et s'absorbe dans la contemplation des sièges encore vides de la cour.

« La cour ! » Alors qu'un policier aide Touvier à se relever, le président Boulard fait enfin son entrée.

Marie-Thérèse Lesueur de Givry, le premier assesseur, se tient à ses côtés. L'esprit de Versailles a-t-il soufflé sur la composition de la cour ? Amusante coïncidence qu'un procès historique qui se tient en cette ville réunisse autant de noms à particule de tous côtés du prétoire. Beaucoup plus jeune qu'Henri Boulard, chargée de l'assister dans la conduite des débats, Mme de Givry préside habituellement les assises des Yvelines, où elle bénéficie d'une réputation flatteuse. Discrète, elle se fera en tout cas remarquer à l'audience par la pertinence de ses questions, qui, à la différence de celles du président, n'induisent jamais de réponses. C'est elle qui, à plusieurs reprises, prendra Touvier au piège de ses contradictions.

Sylvie Petit-Leclair, premier juge au tribunal de grande instance de Versailles, complète cette formation.

« L'audience de la cour d'assises est ouverte. »

La voix du président, tremblante, traduit l'anxiété du magistrat en cet instant solennel. D'une voix tout aussi hésitante, l'accusé répond à la question rituelle portant sur son identité : « Touvier Paul, né le 3 avril 1915, à Saint-Vincent-sur-Jabron. »

Cette formalité remplie, la cour procède au tirage au sort des jurés. À deux reprises, l'avocat général fait usage de son droit de récusation. Jacques Trémolet de Villers choisit, lui, d'écarter quatre personnes qui ont en commun leur âge. Toutes ont connu la guerre, toutes ont pu en souffrir. Mais en optant pour un jury jeune, le défenseur de Paul Touvier n'a-t-il pas décalqué sur autrui ses propres sentiments ? N'a-t-il pas fait le pari risqué que cette période de l'histoire concernait peu la jeunesse et que ces jurés ne replaceraient pas dans leur contexte les faits intéressant le procès ? La suite des événements lui donnera tort.

Pour l'heure, le jury est finalement composé de huit hommes et une femme, et de cinq jurés supplémentaires qui siégeront mais ne prendront pas part à la délibération, sauf en cas de défaillance d'un juré titulaire[4].

Le seconde phase de cette première audience, consacrée à l'appel des nombreuses parties civiles, offre à la défense l'occasion d'un premier affrontement avec ses adversaires. Tout de go, le défenseur du milicien demande en effet à la cour d'écarter la totalité des parties civiles à l'exception d'une seule : celle déposée en 1973 par Georges Glaeser. « La loi ne dit pas que l'action civile est imprescriptible quand les faits incriminés le sont, argumente l'avocat. Le délai légal de trente années est passé. Pendant ces trente années les parties civiles ne se sont pas plaintes, à l'exception de Georges Glaeser. »

Sous couvert de cet argument à l'apparence juridique, Jacques Trémolet de Villers demande ni plus ni moins que les victimes soient exclues du procès, ce qui ne manque pas de soulever l'ire des parties civiles.

L'avocat général ne manque pas de venir à leur rescousse, qualifiant de « rapide et dangereux » le raisonnement de l'avocat de la défense, ajoutant : « Le crime contre l'humanité est imprescriptible du fait d'une loi internationale qui s'impose à notre droit national. Cette imprescriptibilité ne peut supporter la moindre limitation dans tous ses aspects. »

La cour, après deux heures de délibéré, donnera raison

au ministère public avant d'affronter, dès le lendemain, une nouvelle salve de conclusions déposées par la défense. À peine la lecture de l'arrêt de renvoi terminée, le conseil de Touvier repose la question de la qualification des faits reprochés à son client, en brandissant le nouveau Code pénal entré en application depuis quelques semaine seulement : « Le nouveau code comporte un titre intitulé "Des crimes contre l'humanité". Les définitions qu'il donne de cette catégorie d'infractions sont différentes de celle figurant dans l'arrêt renvoyant mon client devant les assises. Selon quel texte Paul Touvier va-t-il être jugé ? »

Il est vrai que l'ancien Code pénal ne comportait pas de définition du crime contre l'humanité, la loi du 26 décembre 1964 — qui introduisit cette notion dans notre droit interne — se contentant de cette formulation : « Les crimes contre l'humanité, tels qu'ils sont définis par la résolution des Nations unies du 11 février 1946, prenant acte de la définition des crimes contre l'humanité, telle qu'elle figure dans la charte du tribunal international du 8 août 1945, sont imprescriptibles. » En revanche, dans son article intitulé « Du génocide » (211-1), le nouveau Code pénal, lui, donne une définition de cette infraction, d'ailleurs différente de celle élaborée à Nuremberg. Le temps ayant passé, il n'est plus question notamment de plan concerté mis en œuvre par le seul gouvernement national-socialiste allemand mais de n'importe quel plan concerté. Il n'est plus question non plus d'assassinat, mais simplement d'« atteinte volontaire à la vie ». Enfin, la peine est aggravée puisqu'elle prévoit, outre la réclusion criminelle à perpétuité, la possibilité d'infliger une période de sûreté. Partant du principe que la loi la plus favorable doit toujours être applicable à l'accusé, Jacques Trémolet de Villers demandera donc à la cour de juger selon l'ancienne législation tout en ne renonçant pas pour autant à appliquer la nouvelle loi. L'avocat s'explique : « Si cet article apparaît plus sévère parce que ne faisant pas référence à l'élément étatique non plus qu'à celui de l'État nazi précisément désigné, il apparaît en revanche moins sévère dans la mesure où il n'exige pas seulement l'assassinat mais la pratique massive et systématique d'exécutions sommaires. »

Les parties civiles et l'avocat général se chargeront d'apporter la réponse qui convient à ce montage alambiqué. Après avoir constaté que, « une fois encore, le droit international s'impose toujours à notre droit national[5] », Hubert de Touzalin ajoute : « Par rapport au statut du tribunal militaire international, le nouveau Code pénal français réprime plus sévèrement les crimes contre l'humanité. En conséquence, ce code ne peut donc s'appliquer rétroactivement aux faits commis les 28 et 29 juin 1944 dont Paul Touvier est accusé. »

Outre qu'elle retarde la mise en place déjà laborieuse du procès, la stratégie déployée par la défense ne tarde pas à porter ses fruits : allongement démesuré des débats ; trouble semé dans l'esprit de jurés que ces palabres dépassent ; dédramatisation de l'atmosphère à force de bons mots. Une attitude encouragée par le silence du président et les quelques rires entendus dans la salle.

Il est vrai que celle-ci est truffée de jeunes gens bien mis à la nuque fraîche, lesquels ne se gênent guère pour commenter les saillies de l'avocat, qu'ils ont d'ailleurs salué à l'ouverture de l'audience, comme on fait acte d'allégeance.

Dans son pauvre décor, le théâtre judiciaire est donc au complet. Il ne manque même pas la claque.

1. Hannah Arendt, *Eichmann à Jérusalem*, Gallimard, 1966, et Folio, collection « Histoire », 1991.
2. Voir chapitre : « Le temps n'efface pas le scandale du crime ».
3. L'exposition se tiendra finalement dans un local privé, et sera inaugurée par le maire.
4. Le jury est composé d'un régleur automobile de 50 ans, d'un steward de 42 ans, d'un comptable de 32 ans, d'une secrétaire médicale de 30 ans, d'un contrôleur aéronautique de 55 ans, d'un retraité de 62 ans et de trois ingénieurs de 26, 28 et 31 ans.
5. L'incident sera joint au fond, la cour déboutant finalement la défense de son moyen.

II

Il n'a rien renié

Paul Touvier a la voix douce. Trop douce. À l'écouter, on croit entendre un de ces curés qu'il a longtemps fréquentés.

Mais la voix de Paul Touvier est changeante. Elle sait se faire plus sucrée ou suppliante. C'est le cas lorsqu'il s'adresse aux magistrats ou qu'il se réfugie derrière son amnésie pour refuser de répondre. Elle sait se faire sèche aussi, cinglante, quand il s'agit de rétorquer à ces parties civiles qui, sans cesse, le harcèlent. « Ça suffit », « Taisez-vous », lance alors l'accusé avant, aussitôt, de se reprendre — tant il craint que le « chef Paul » ne transparaisse derrière l'aimable paroissien.

Ce Touvier-là, il aura fallu attendre le 21 mars pour le croiser enfin. Il n'a plus grand-chose à voir avec ce vieillard propret qui se tenait jusque-là, tranquille et silencieux, à l'abri du double rempart formé par une cage de verre blindée et un avocat-bouclier.

Pendant les deux premiers jours du procès, Jacques Trémolet de Villers s'est en effet beaucoup dépensé pour faire oublier le fantôme livide qui se tenait derrière lui, raide, et la nature du crime qui était jugé ici. Dans ce pari le défenseur a mis tout son talent, toute son ingéniosité juridique, au point de faire douter ses adversaires, étourdis par les interminables palabres qu'il leur imposait, et de se gagner une partie de l'auditoire, séduite par sa faconde. Même le président Boulard n'échappait pas au charme, entrant dans le jeu de la défense, mêlant ses bons mots à ceux de l'avocat.

Seul Touvier paraissait absent du procès qui se déroulait devant lui et qui l'ennuyait fort. Sentiment trahi par les coups d'œil incessants jetés à son bracelet-montre.

Il faudra l'intervention d'un des avocats de la partie civile pour faire cesser ce procès à « la bonne franquette » : « Prenons garde, tous autant que nous sommes, à ce ton badin et bonhomme que nous prenons. Il faut nous souvenir de quoi nous parlons. Certains écarts ont été mal ressentis par les victimes présentes dans cette salle. »

Il était temps et trop tard à la fois. Cette remarque intervenant à la fin de la deuxième journée d'audience, la solennité des premières minutes du procès était définitivement enfuie ; l'émotion avait été tuée.

À l'ouverture de la troisième audience, le ton des débats change cependant, avec le début de l'interrogatoire de personnalité de l'accusé. Dès lors, il est bien difficile à l'avocat de répondre à la place de son client, même si celui-ci l'appelle à la rescousse. Touvier doit parler, offrant à l'auditoire sa métamorphose. Le masque de cire se craquelle peu à peu ; le regard devient dur ; une moue de mépris vient effleurer les lèvres molles, contrastant avec la voix cauteleuse qui répond aux questions du président Boulard. Une voix à peine audible malgré le micro, pâteuse, révélant une élocution rendue confuse par l'usage de médicaments. L'accusé s'interrompt souvent, s'excuse : « J'ai perdu le fil », avant de laisser tomber un « Ah, c'est terrible... ».

Passant outre, le président continue à enchaîner les questions. Sans toujours se soucier de laisser le temps à Touvier de répondre.

Pour le moment, le fils de François Touvier et d'Eugénie Roumeau ne fait guère de difficultés pour se remémorer ses années d'enfance passées à Chambéry. Il n'a pas de souvenirs honteux de ce temps austère : « Mon père était un homme dur avec lui-même et avec les autres. À la maison on ne badinait pas. » La tendresse, même, a sa part quand il évoque la figure de sa mère trop tôt disparue, alors qu'il était adolescent, en mettant au monde son onzième enfant.

L'épitaphe de la défunte en dit plus long qu'un livre sur le climat régnant dans la maison familiale des Charmettes. Et surtout sur la nature de l'éducation reçue par les enfants Touvier. Sur la mort de sa femme le père avait écrit : « Vous le savez, Seigneur, si je prends une épouse c'est uniquement dans le but d'avoir des enfants par lesquels Vous serez loué dans les siècles des siècles. »

Ainsi pensait l'ancien séminariste François Touvier, qui faillit être prêtre avant de devenir sous-officier et finalement percepteur, lecteur de *l'Action française*, croix-de-feu et patriarche redouté.

Le président Boulard déroule la biographie de l'accusé, fait le compte des enfants survivants face à un Touvier qui se contente d'opiner. Parmi eux, trois deviendront miliciens — Paul et ses deux sœurs Marguerite et Jeanne — alors qu'un quatrième, Jean, échappera au creuset en décidant de s'enrôler sous la bannière du général Giraud. Ce qui lui vaudra une croix de guerre et quatre citations qui viendront contrebalancer les années d'indignité nationale récoltées par sa fratrie. Touvier alors retrouve l'usage de la parole : « Pourquoi opposer son patriotisme au mien ? C'était la même chose. »

Sur le chapitre de sa propre existence, l'accusé reste

disert. Certes, il ne tire aucune fierté de ses études médiocres, interrompues à la fin de la troisième par la mort de sa mère. Mais il se plaît à s'étendre sur sa volonté d'apprendre par lui-même, à la lecture des journaux « bien-pensants », parmi lesquels figure en bonne place *le Nouvelliste* de Lyon. Comme sur sa fréquentation assidue des cercles catholiques de Chambéry.

Il raconte encore comment lui, le fils du percepteur, il est devenu apprenti photographe avant d'intégrer en juin 1937 la SNCF, en qualité d'employé, au dépôt d'Ambérieu-en-Bugey. Ou encore comment, auparavant, il a passé dix-huit mois sous les drapeaux, dont neuf sur la ligne Maginot.

Au moment d'évoquer son mariage — contracté le 4 septembre 1937 — avec Joséphine Charlety, Paul Touvier semble pour la première fois troublé devant le poids du souvenir. Il est vrai que cette union fut aussi brève que tragique, la jeune femme décédant moins d'un an plus tard en accouchant de jumeaux, un garçon et une fille. Cette dernière ne survivra que quelques semaines à sa mère alors que son frère, François, mourra après la guerre, encore enfant, victime d'un accident de la circulation sur le chemin de l'école. La gorge nouée, c'est le Touvier meurtri par la vie qui s'exprime alors.

Mais cette gorge se noue définitivement, ne laissant plus passer un mot, à l'évocation d'une autre femme : Marie-Louise Charroin. En épousant Joséphine Charlety, fille d'un franc-maçon, Touvier avait bravé son père. Avec Marie-Louise Charroin, lointaine émule de Marie-Madeleine, c'est à ses convictions affichées, à son milieu et à son éducation qu'il a lancé un défi. L'image de Touvier bon chrétien en sortira ébréchée. Surtout après les confidences de la jeune femme déclarant, à la Libération, avoir partagé avec lui les revenus tirés de sa prostitution.

« Une fable », parvient toutefois à articuler l'accusé

qui, quelques instants plus tôt, avait cru bon de préciser d'une voix indignée : « Mais je l'ai rencontrée alors que j'étais déjà veuf. »

Il est temps de passer à la guerre.

1938 avait laissé Touvier munichois, 1939 le retrouve militaire, en garnison à Épinal. Un an plus tard, la débâcle de juin l'entraîne dans un flot où il s'égare longtemps. Assez, en tout cas, pour être suspecté de désertion. Démobilisé, il dit avoir été « soulagé » par l'armistice inspiré par celui qu'il continue de nommer avec révérence « le Maréchal ». De là date l'engagement qui le conduira à adhérer d'abord à la Légion des combattants, sur les traces de son père, puis en 1942 au Service d'ordre légionnaire (SOL).

À plusieurs reprises, il s'est expliqué sur son implication progressive dans la collaboration : « Des camarades étaient inscrits, je les ai progressivement aidés. C'était de la paperasse, des réunions, des fiches de documentation sur des individus. Cela constituait une activité annexe à la SNCF, j'ai toujours été considéré comme un homme en qui on pouvait avoir confiance. »

Enfin, dès sa création en 1943, il rejoint les rangs de la Milice, qui l'emploiera à plein temps après un bref stage de formation dans son école des cadres basée au château d'Uriage. C'est là, près de Grenoble, qu'il rencontrera pour la première fois Joseph Darnand, le chef suprême de la Milice, dont l'image comme le passé ne pouvaient que fasciner Touvier.

Né dans l'Ain, près de Bourg-en-Bresse, en 1897, Joseph Darnand n'était jamais parvenu à devenir officier malgré une conduite héroïque au cours de la Première Guerre mondiale. À peine démobilisé, cet homme fruste croira trouver une revanche en militant dans les rangs de l'extrême droite. En 1928, alors qu'il réside et travaille à Nice, on le retrouve parmi les Camelots du roi. Dix ans plus tard, il est devenu cagoulard. L'Occupation donnera à ses talents très particuliers l'occasion de s'épanouir. Après avoir dirigé la Légion des combattants dans les Alpes-Maritimes, il rejoint en 1941 le Service d'ordre légionnaire, puis, en 1942, il s'installe à Vichy où il a été appelé. C'est tout naturellement qu'il prendra en janvier 1943 la tête de la Milice qui succède au SOL. Darnand est parmi les plus proallemands des vichystes. Au point de prêter serment à Hitler au mois d'août de la même année en endossant l'uniforme SS. Dès lors son ascension ne s'arrêtera plus. Nommé secrétaire général au Maintien de l'ordre en décembre 1943, il accède en mai 1944 au poste de secrétaire d'État à l'Intérieur[1]. Interrogé à son propos par le président Boulard, Touvier va s'enorgueillir d'avoir reçu impasse Catelin cette figure tutélaire de la collaboration, comme d'avoir entretenu des relations suivies avec celui qui était à la fois son principal adjoint et l'homme plus particulièrement chargé du renseignement au sein de l'état-major de la Milice, Francis Bout-de-l'An.

On a dit Touvier figé dans le passé, tel un cadavre dans la glace. Les considérations sur Vichy qu'il égrène comme un chapelet devant la cour prouvent en effet que le temps n'a pas de prise sur lui et ne lui a pas donné le moindre recul. Cinquante ans plus tard, il n'a rien renié.

L'appel du 18 juin ? Un mensonge : « S'il avait été diffusé je l'aurais entendu. À cette époque, je vivais pendu à la radio. »

La poignée de main Pétain-Hitler à Montoire ? Anecdotique : « C'était de la diplomatie. »

Le discours de Pierre Laval souhaitant une victoire de l'Allemagne ? Une maladresse : « Des mots regrettables qui m'ont beaucoup choqué. »

Le serment de Joseph Darnand à Hitler, « Führer germanique » ? Simple question d'opportunité : « Si Darnand a fait cela, c'est qu'il avait ses raisons. Il était derrière le

Maréchal et, pour moi, cela était fondamental. » Celui qui n'a jamais cessé d'être ce qu'il est rajoute, après une pause : « On ne savait pas comment allait se dérouler la guerre. Darnand a prêté serment pour obtenir des armes pour la Milice. Il s'agissait de se défendre. On nous tuait dans la rue. »

Pour le reste, difficile de le faire s'expliquer. Pris dans son discours maréchaliste, Touvier nie toutes les évidences. L'antisémitisme viscéral qui transparaît à travers le serment du légionnaire ou l'hymne de la Milice, ce ne sont « que des mots ». « Je ne voyais pas d'antisémitisme là-dedans, reprend l'accusé. Les vingt et un points ont été écrits par Jean Bassompierre. Il n'a certainement pas voulu leur donner un ton méchant. J'ai vu les points qui m'intéressaient, qui me passionnaient même, et je n'ai pas vu les autres. » Et le même d'évoquer dans un murmure une affiche de propagande du SOL qui lui avait fait grande impression. On y voyait en arrière-plan un « chevalier tout en blanc. C'était séduisant ».

Les liens entre la Milice et les Allemands sont pareillement occultés. Touvier ne répond pas un mot quand Me Alain Lévy lit, devant les jurés, des extraits des cours de formation idéologique reçus par l'ancien milicien : « Nous avons la volonté d'instaurer un régime autoritaire, national et socialiste. Le devoir de guerre du milicien sera d'abord de combattre sur le front intérieur comme les jeunesses hitlériennes. »

« Tout cela est complètement faux », rétorque toutefois Touvier quand le président Boulard détaille devant lui des rapports à Londres émanant des services spéciaux de la France libre et le concernant. « Il est écrit, note le magistrat, que Touvier alias monsieur Paul travaille pour les services allemands. »

« Je n'ai jamais été membre de la Gestapo. Je n'ai jamais remis de listes », répond encore Touvier à Henri

Boulard qui s'étonne de retrouver dans ces documents son numéro de téléphone à la Milice — le 580 — et la précision suivante : « Touvier a remis des listes de noms de communistes à la police allemande. »

L'audience du 21 mars s'était achevée sur l'image d'un Touvier se débattant avec son passé. Celle du 22 s'ouvre sur celle d'un vieillard silencieux quand il s'agit d'évoquer devant la cour les crimes et exactions de la Milice : « Je ne peux pas continuer. Je veux partir. Je suis trop fatigué aujourd'hui. Me Trémolet peut répondre à ma place. »

Jacques Trémolet de Villers intervient : « Nous pouvons tous constater les inquiétantes déperditions de mémoire chez mon client. Il faut voir là un effet de l'âge et de son état de santé. Reste que cette situation lui est nuisible. » L'avocat, qui perçoit ce que cette mémoire sélective peut avoir de gênant, entend faire citer à la barre Jean-Pierre Getti, le juge d'instruction étant censé témoigner de l'ancienne bonne volonté d'un Touvier aujourd'hui confronté aux dégâts des ans.

Or, Me Trémolet vient à peine de fermer la bouche que l'accusé ouvre la sienne pour reprendre le président à propos de la date exacte de la libération de Lyon : « Non, non, vous vous trompez, c'était le 3 septembre 1944 et non à la fin août. » Voilà Touvier contraint de continuer après avoir trahi son conseil.

La veille avait été évoqué le séjour du milicien à Chambéry, ses premiers succès dans le renseignement, mais aussi l'amélioration de sa situation sociale.

En revêtant l'uniforme de la Milice, l'humble employé des chemins de fer a décuplé son salaire, qui passe de sept cents francs mensuels à sept mille. Mieux, désormais patron de son service, doté d'un chauffeur, installé dans de confortables appartements réquisitionnés, il est devenu quelqu'un. Celui que son frère Jean dépeint comme un

« maniaque de l'ordre, obsédé par la propreté et la minutie », peut donner toute la mesure de son talent. Vite remarqué par ses chefs, ses dons d'organisateur et des résultats certains dans la chasse aux Juifs et aux résistants lui vaudront une promotion rapide, à la tête du Deuxième Service de la Milice de Lyon. Cette nomination au sein des cadres dirigeants de la Milice régionale est accueillie — dit-on — avec satisfaction par la bourgeoisie savoyarde. Grisé par ses succès et son récent train de vie, le jeune milicien jouait un peu trop les bellâtres auprès des jeunes filles bien nées. Personne n'est fâché de voir s'éloigner un garçon capable d'une telle faute de goût, alors qu'il n'est, somme toute, qu'un flic zélé et peu regardant sur les méthodes.

Il le confesse d'ailleurs volontiers à la cour en revenant sur ses « importantes responsabilités de chef milicien chargé de recruter des agents » : « Il s'agissait de collaborateurs peu reluisants », lui oppose le président. Touvier l'admet : « On n'a jamais fait de police avec des enfants de chœur. » Comme il admet, également, son caractère emporté : « Oui, je suis violent de nature », avant d'ajouter, doucereux : « ... mais je n'ai jamais traduit ma violence en actes ».

En revanche, sa mémoire flanche de nouveau quand Henri Boulard énumère les pillages, rackets et autres « réquisitions » reprochés à la Milice lyonnaise.

LE PRÉSIDENT : « Vous vous êtes installé dans plusieurs appartements qui appartenaient à des Juifs, n'est-ce pas ? »

TOUVIER : « Oui, mais avec un bulletin de réquisition. »

LE PRÉSIDENT : « Vous avez arrêté, puis relâché après versement d'une certaine somme, un commerçant nommé Joseph Picon. Cette façon d'extorquer des fonds vous était, semble-t-il, familière ? »

TOUVIER : « Il a fait un don de trois cent mille francs à la Milice. Après guerre il a voulu se faire rembourser, recevoir des indemnités. C'est toujours le même problème. »

Confronté à d'autres exemples analogues, l'ancien milicien continue à nier ou à fouiller, en vain, parmi ses souvenirs. Le plus souvent il conteste.

LE PRÉSIDENT : « C'est curieux, avec vous tout le monde ment, exagère. Vous êtes donc le seul à détenir la vérité ? »

TOUVIER : « Il y a beaucoup de choses inexactes. »

Ainsi, pour lui, les témoignages de ses anciens complices ne valent pas plus que ceux de ses victimes.

LE PRÉSIDENT : « Un milicien de votre service, Henri Gonnet, vous a dépeint comme acharné contre les Juifs ? »

TOUVIER : « Sa déclaration remonte à 1945. À cette époque, les gens disaient n'importe quoi pour sauver leur peau. »

Touvier n'aime pas parler de Gonnet, dont le souvenir de tortionnaire plane encore sur Lyon. C'est tout juste s'il reconnaît avoir travaillé avec ce garçon, « certes un peu violent ». Pris dans la même logique, il refuse de s'expliquer sur les sévices régulièrement infligés aux prisonniers de son service. Rien n'établit qu'il y ait directement participé, aussi affirme-t-il n'avoir jamais entendu un cri de douleur, ni croisé un visage tuméfié au sortir de ses bureaux de l'impasse Catelin, où existait pourtant une salle spécialement affectée à la torture. C'est à cet endroit que l'abbé Vautherin — aumônier officieux de la Milice lyonnaise, qui fut le premier protecteur ecclésiastique de Touvier — a reconnu dans ses déclarations à la cour de justice avoir vu une « gégène » destinée à « brûler les parties sexuelles ».

L'évocation au fil des débats de cette déposition vaut à Me Trémolet une de ses grandes envolées : « Je proteste contre l'emploi des procédures des cours de justice. Utilisées pour rendre une justice expéditive, elles ne valent rien. »

Plus tard, l'avocat de la défense tentera d'opposer les méthodes de la Résistance à celles de son client. Son intention reste la même : relativiser la responsabilité de Touvier ; entretenir les jurés dans l'idée que la guerre civile qui ravageait alors la France n'avait d'autres enjeux que la prise du pouvoir : « Le devoir des résistants était clair. Il leur fallait assassiner les miliciens et leurs familles. C'est une réalité. Prenez le cas de la famille Jourdan à Voiron, j'ai ici les photographies. Toute une famille assassinée, de la grand-mère de quatre-vingt-deux ans au bébé de deux ans. Il n'était pas milicien le bébé ! Je vous en prie, laissez les morts enterrer les morts ! »

Au passage, Jacques Trémolet de Villers a oublié de préciser que les auteurs de l'attentat en question — des adolescents — ont été arrêtés, torturés et fusillés par la Milice. Comme il a omis de rappeler que l'exécution a eu lieu, pour l'exemple, devant leurs condisciples du collège professionnel de Voiron, nombre de ces jeunes gens étant, par la suite, déportés.

L'interrogatoire se poursuit, l'histoire continue de se dérouler.

Interrogé sur ses rapports avec les Allemands, Touvier les définit comme inexistants : « Je n'ai jamais eu de rapports avec un Allemand quel qu'il soit. » Confronté à ses écrits anciens, et notamment à ses confidences telles qu'elles furent recueillies par Mgr Duquaire dans le but d'alimenter le dossier de demande de grâce, il reconnaîtra quelques secondes plus tard avoir rencontré « à deux reprises seulement » le kommandeur Werner Knab, le chef de la Gestapo de Lyon, « un Allemand très bien et très poli ».

Citée par le ministère public, la déposition de Klaus Barbie, enregistrée le 27 mars 1991 par le juge d'instruction lyonnais Jacques Hamy, apporte un éclairage différent sur les relations prétendument distantes qui existaient entre les autorités d'occupation et celui qui, à plusieurs reprises, s'est déclaré « très anti-allemand ». « Beaucoup de Français travaillaient avec le Sipo-SD », a expliqué à « son » juge l'homologue allemand de Touvier. « Notamment la Milice, qui était très antisémite et partageait notre idéal national-socialiste. J'ai rencontré Touvier dans les locaux de l'École de santé militaire[2]. Il était en contact fréquent avec le lieutenant Moritz. »

Le 23 mars 1994, la cinquième audience du procès marque une amélioration subite de l'état de Touvier. Lui qui, la veille encore, s'exprimait avec peine et ponctuait les questions embarrassantes de « je suis fatigué » et autres « je ne me souviens plus » retrouve à la fois ses souvenirs et une certaine volubilité.

Interrogé par un juré sur l'activité de son service, il minimise d'abord son rôle en chargeant les autres, morts de préférence : « Moi je m'occupais essentiellement de recruter des hommes. C'est surtout mon adjoint Reynaud qui s'occupait du renseignement. Ce travail consistait en une mise en fiches des activités antinationales et de leurs auteurs. Comme ces porteurs de tracts que je libérais après une petite leçon. Nous nous occupions également des trafiquants de marché noir et de ceux qui s'en prenaient aux miliciens ou encore des distributeurs de journaux clandestins. Ces renseignements étaient transmis à Cussonac, l'assistant du préfet de police. Tout allait au mieux avec la police car elle était tout entière derrière le Maréchal. »

« Dans mon service, croit-il bon d'ajouter, jamais on n'a arrêté quelqu'un parce qu'il était juif. Au contraire, après l'affaire de Rillieux, j'ai libéré tous les Juifs détenus dans mon service. »

Combien étaient-ils, ces Juifs miraculés ? Touvier a toujours varié sur le chiffre, passant de cinquante-quatre à cinquante-deux avant de s'arrêter à quarante-deux. Seulement voilà, ni tout de suite après la guerre ni plus tard il n'a été possible de retrouver un seul d'entre eux.

Touvier ne s'étonne pas d'une telle absence. Il la met sur le compte de la fatalité qui s'acharne contre lui et de l'ingratitude. Il préfère se décrire à la manière du chevalier blanc qui ornait les affiches du SOL. À l'en croire, ses fonctions de chef du Deuxième Service de la Milice de Lyon s'apparentaient à celles d'un visiteur de prison.

Ainsi raconte-t-il comment il fit libérer un jeune résistant savoyard, Jean-Pierre Rozier, lequel, en compagnie de dizaines de ses compagnons, était détenu dans les geôles de la Milice. « Cela m'a un peu bouleversé. J'ai fait appeler le petit Rozier et je l'ai ramené chez ses parents, des bijoutiers. J'ajoute que je n'ai reçu aucune récompense. Il m'aurait pourtant été facile de choisir un bijou et de l'emporter puisqu'on dit que j'étais un pillard. »

Dans le passé, Touvier avait donné une autre version de cette libération, la présentant comme un acte de propagande destiné à redorer le blason de la Milice. À Me Alain Lévy qui s'étonne de ce revirement, Jacques Trémolet de Villers répond en bondissant : « Oui, c'était une question de politique. La Milice s'était rendue odieuse par ses arrestations arbitraires. La politique de Touvier a été de dire que cela suffisait. C'est une politique d'humanité alors qu'il est poursuivi pour crime contre l'humanité. »

Touvier, l'humaniste, s'emballe à son tour, comme dopé par cette belle idée. Le voilà qui narre ses autres bienfaits. Par exemple, le transfert dans sa propre prison de l'impasse Catelin — où ils étaient, dit-il, « plus en sécurité » — des prisonniers que la Franc-Garde détenait au château de Collonges-au-Mont-d'Or, près de Lyon. Une anecdote qui lui donne l'occasion d'opposer une fois de plus la Franc-Garde, bras armé de la Milice, composée d'individus de sac et de corde, à son Deuxième Service, autrement recommandable. L'enfer, c'est toujours les autres, pour Touvier-Saint-Paul-des-Geôles.

Le récit de son après-guerre lui permet encore de

s'apitoyer sur lui-même. « Je me sentais déjà bien rejeté », lâche-t-il en commentant ses premières années d'errance.

L'auréole du martyr lui sied. Aussi, pas question de la ternir en rappelant les quelques coups de main auquel il a participé en compagnie de proscrits comme lui. La fatigue, la soif, l'amnésie s'emparent de lui quand le président parle de ces années qui vont de 1945 à 1947. Une période passée à écouler des faux dollars, à falsifier des papiers d'identité, ou encore à s'essayer à l'extorsion de fonds. Se cacher coûte cher. L'évocation du hold-up raté, qu'il mena contre la perception du XIIIe arrondissement de Paris, contraint l'accusé à un exercice d'esquive.

TOUVIER : « Ce n'était même pas un hold-up. Nous devions récupérer de quoi vivre. »

LE PRÉSIDENT : « Vous avez commencé par voler une voiture ? »

TOUVIER : « Pas voler. Emprunter ! »

Les petits voyous ne se défendent pas autrement devant une chambre correctionnelle.

Ce hold-up, au cours duquel il fut blessé d'une balle dans le bras, Touvier préfère s'en souvenir pour autre chose. C'est grâce à cette blessure qu'il fit la connaissance dans une famille « amie » de celle qui deviendra sa femme. Elle était alors une jeune fille qui allait s'improviser infirmière. Plus tard, c'est elle qui viendra le visiter lors de sa courte détention, dans les locaux de la DST.

L'évocation de son mariage clandestin, célébré par l'abbé Duben à Paris le 31 août 1947, donne l'occasion à Touvier de régler ses comptes avec les historiens de la commission Rémond : « Là on voit le rôle de l'Église, dit-il. C'est beau. Pas comme ce rapport "Touvier et l'Église", qui n'est qu'un ramassis de je-ne-sais-quoi. »

Oui, plutôt qu'en « braqueur » de perception, plutôt qu'en « donneur », Touvier se préfère en portier de la Grande-Chartreuse, en factotum de Jacques Brel, en père de famille, surtout, élevant difficilement les deux enfants que Monique Berthet lui a donnés : Chantal et Pierre, qui, à quarante ans passés, n'ont jamais quitté leurs parents — ni avant ni après l'arrestation —, et qui s'apprêtent à venir témoigner bientôt en faveur de leur père.

LE PRÉSIDENT : « Parlons-en, de ces enfants, ils n'ont jamais pris leur envol ? »

TOUVIER : « Non. »

LE PRÉSIDENT : « Avez-vous pensé à leur avenir ? N'avez-vous pas d'abord pensé à vous ? »

TOUVIER : « Je ne sais pas. J'ai pris les choses comme elles venaient. En 1972, ils étaient libres. Ils voulaient partir avec nous. Je n'allais pas leur dire non. »

« Il faut un certain fanatisme de soi pour vivre si longtemps dans la clandestinité avec sa femme et ses enfants. » C'est Michel Dubec, expert psychiatre, qui parle à la barre de la cour d'assises de Versailles. Avec son confrère François Cousin, qui déposera à son tour, il a examiné Paul Touvier à la demande du juge Getti. Une procédure qui n'a rien d'exceptionnel, tous les prévenus appelés à comparaître devant une telle juridiction étant soumis à une expertise psychiatrique.

Celle des docteurs Dubec et Cousin a confirmé, *a priori*, l'impression que va donner Touvier à son procès. Morceaux choisis :

Sur les trous de mémoire dont souffre l'accusé : « Relevant la prudence de ses propos et la possibilité pour lui de passer sous silence de larges pans de sa biographie, de dire ne plus se souvenir d'événements précis, de pouvoir rester dans le flou vis-à-vis d'événements peu glorieux », les médecins notent qu'à l'inverse « il se montre capable de relater avec une précision exemplaire certains faits qui pourtant apparaissent comme très anciens ».

Sur son caractère : « Touvier est un homme à la forte personnalité, il sait se montrer doux au contact, masquant un autoritarisme rigide sous-jacent [...]. Dans l'ensemble il nous est apparu comme particulièrement égoïste, capable avec une grande ingéniosité de manœuvrer autrui pour son profit personnel. »

Sur son engagement politique : « S'il peut facilement parler des discours du Maréchal ou de l'attitude de l'Église, à aucun moment il ne se montre capable d'analyser plus profondément le fond des propos. Le discours semble toujours plus investi dans sa forme que dans la philosophie qui le sous-tend. »

Sur sa foi religieuse : « Nous lui demanderons de préciser les fondements de sa foi religieuse et de sa pratique. Il éludera nos questions avec beaucoup de méfiance, nous déclarant : "C'est difficile de décrire une vie intérieure." »

Sur son parcours : « Les effets sociaux de sa psychorigidité lui ont permis d'acquérir, à une période charnière de l'histoire, une position sociale que ne laissaient pas présager ses possibilités intellectuelles. Il s'agissait d'ailleurs pour lui plus d'une ambition de l'ordre que d'une ambition personnelle. »

Sur son aptitude au commandement : « Touvier n'est pas un chef qui dit : Suivez-moi. Il dit : Allez-y. »

Sur l'accusation dont il est l'objet : « Il dénie toute participation ou action personnelle. Il se dit victime d'une pression médiatique, son affaire ne reposerait sur rien ; bien au contraire, durant la période trouble des événements, il aurait fait preuve d'un certain courage pour s'assurer des bons soins donnés aux prisonniers, pour libérer un certain nombre de personnes. Il fait état du cadre dans lequel il a opéré. Il pense que c'est un jugement partial de l'histoire qui va avoir lieu. »

Autant dire que Touvier ne croit pas en la justice des hommes.

1. Joseph Darnand a été condamné à mort le 30 octobre 1945 et exécuté.

2. L'École de santé militaire, avenue Berthelot à Lyon, fut un temps le siège de la Gestapo. C'est là, notamment, que fut torturé Jean Moulin aussitôt après son arrestation à Caluire. Ces bâtiments abritent aujoud'hui le Centre d'histoire de la Résistance et de la déportation de Lyon.

III

Le mythe du Juif déicide

« Je crois en Dieu... » Paul Touvier s'interrompt et demande : « Il faut le réciter complètement ?... », et poursuit, sans attendre la réponse : « Le Père tout-puissant, créateur du ciel et de la terre... de l'univers visible et invisible... Je crois en un seul seigneur, Jésus-Christ, le fils unique de Dieu, né du père avant tous les siècles... Je m'embrouille... Mais vous voyez bien, il n'y a pas une virgule antisémite là-dedans... »

Le silence s'abat sur la salle d'audience de Versailles. Chacun vient d'assister, médusé, à une scène surréaliste. Crispé dans son fauteuil, faisant manifestement un énorme effort de mémoire, Paul Touvier vient de bredouiller plutôt que de réciter son Credo, comme un élève de catéchisme. C'est la seule réponse qu'il a trouvée à la question qui lui a été posée par Mme de Givry : « Qu'est-ce pour vous qu'être catholique ? »

« Tout est résumé dans le Credo, a-t-il répondu, je n'ai rien à ajouter... » Et il n'a rien ajouté. Quelques minutes plus tôt, un avocat de la partie civile lui avait demandé s'il était antisémite. Feignant l'indignation, il s'était contenté de répondre : « Je ne peux pas être antisémite puisque je suis catholique... » D'où le Credo..., comme si être catholique préservait de l'antisémitisme. Comme si être catholique se résumait à réciter le Credo.

Cette réponse n'est en fait pas surprenante. Elle correspond à la personnalité de Paul Touvier et à la nature de ses relations avec les Juifs. Paul Touvier n'a pas menti : chez les Touvier, on n'est pas antisémite, on naît antisémite. La haine du Juif fait partie de la culture familiale : on l'enseigne en même temps que le Credo. L'antisémitisme des Touvier n'est pas idéologique ou politique. Chez les Touvier on ne lit pas *Mein Kampf* mais *la France juive* de Drumont ou *la Conjuration antichrétienne* de Mgr Delassus, qui figurent en bonne place dans la bibliothèque familiale. Cet antisémitisme ne repose pas sur le mythe de la race aryenne, mais sur celui du Juif déicide. Le Juif, présumé apatride, est pour les Touvier l'ennemi des valeurs les plus fondamentales : l'Église et la patrie.

Né en 1873, François Touvier, le père de Paul, est entré successivement au séminaire et à l'armée... en pleine affaire Dreyfus. Pour lui, il n'y avait aucun doute : le Juif Dreyfus a trahi la France, comme plus tard, le Juif Blum l'a livrée aux bolcheviks.

C'est donc tout naturellement que, sous la férule de ce père autoritaire, et après un entre-deux-guerres marqué par l'affaire Stavisky et le Front populaire, les membres de la famille Touvier entrent dans la Fédération nationale catholique du général de Castelnau, à la Ligue des Français combattants, au Service d'ordre légionnaire, et enfin à la Milice. Même s'il n'en est pas l'élément exclusif, l'antisémitisme fait partie intégrante de ces différents groupes militants, militaires ou paramilitaires.

Mais aujourd'hui, Paul Touvier est un antisémite honteux ; il n'assume plus, il esquive si maladroitement que c'en est pitoyable.

Un avocat de la partie civile le questionne : « Vous

souvenez-vous du chant que vous entonniez avec vos camarades du Service d'ordre légionnaire : "SOL, faisons la France pure. / Bolcheviks, francs-maçons ennemis, Israël, / Ignoble pourriture, écœurée la France vous vomit..." ? »

Touvier répond : « Je n'en ai aucun souvenir. »

Le président Boulard poursuit, lisant les vingt et un points du serment milicien : « Contre le bolchevisme pour le nationalisme. »

Touvier opine du chef.

« Contre la lèpre juive, pour la pureté française.

— Ça m'a échappé [...]. Ce ne sont que des mots..., marmonne Touvier. Je ne voyais pas d'antisémitisme là-dedans... j'ai vu des points qui m'intéressaient... et je n'ai pas vu les autres... »

Un avocat l'interroge sur le statut des Juifs promulgué par le régime de Vichy le 3 octobre 1940. Touvier : « Cela m'a échappé... je n'ai jamais eu connaissance de ce statut. »

L'étoile jaune ? « Je n'en ai jamais vu. »

Le tampon juif sur les papiers d'identité ? « Pas au courant. »

Les interdictions et humiliations successives imposées aux Juifs[1] ? « Exagération... » « Dans mon service, affirme-t-il, on n'a jamais arrêté quelqu'un parce qu'il était juif... »

À chacune de ces réponses, à chacun de ces silences, à chacune de ces contrevérités, la tête de Jacques Trémolet de Villers s'enfonce un peu plus dans ses épaules, tandis que ses doigts, machinalement, tapotent nerveusement sur son pupitre. Même lui n'y croit plus. La défense prend l'eau de toutes parts. Et c'est encore une fois à cause de ces satanés Juifs.

Comble des combles, le coup de grâce vient de l'étranger, par la voix d'un historien américain, spécialiste de l'histoire de « Vichy et les Juifs[2] », le professeur Robert Paxton. Pour ceux qui pouvaient encore avoir le moindre doute à ce sujet, l'historien, appelé à témoigner devant la cour à la requête des parties civiles, explique qu'il était absolument impossible pour un Français qui a connu cette époque d'ignorer le traitement qui était réservé aux Juifs par les lois de Vichy. Ce qui était vrai pour le citoyen de base l'était *a fortiori* pour le chef régional de la Milice de Lyon. Et l'historien d'« enfoncer le clou »: « À l'automne 40, les Allemands ne voulaient pas d'une France antisémite car ils voulaient pouvoir y expulser leurs propres Juifs ; le statut du 3 octobre 1940 est donc le fait exclusif de Vichy. »

Ou encore, sur une question du président Boulard: « L'antisémitisme de Vichy n'avait pas pour but de plaire aux Allemands ; c'était un système propre qui n'existait nul part ailleurs qu'en France. »

Terrassée, la défense n'a d'autre recours que d'agresser le témoin, lequel a cette réplique définitive au sujet du « sauvetage » des Juifs par Touvier : « À suivre votre raisonnement, Hitler lui-même n'était pas antisémite, puisqu'il a épargné le médecin de sa mère qui était juif... » Chaque antisémite n'a-t-il pas « son » Juif ?

Paul Touvier, en tout cas, même s'il ignorait à l'en croire les lois antijuives, n'a pas manqué de les mettre en application et d'en profiter à l'envi : les réquisitions et pillages de biens juifs auxquels il s'est personnellement livré ne se comptent plus : l'appartement de la famille Lehmann, 217, rue Vendôme à Lyon, VIe, réquisitionné pour y installer sa concubine prostituée Marie-Louise Charroin, celui de la famille Franck, 101, boulevard des Belges, ou encore celui de la famille Cerf, 18, rue Confort, autant de résidences cossues qu'il s'est appropriées dans les plus beaux quartiers de la ville.

Comme cette traction Citroën quinze chevaux, modèle

de luxe, que M. Lehmann avait cachée à la campagne et que Paul Touvier a envoyé chercher pour son usage personnel... Ou le magasin d'Émile Zeizig, pillé par la Milice de Touvier immédiatement après son exécution, dont les marchandises sont venues grossir les stocks entreposés dans les locaux de l'impasse Catelin où Paul Touvier régnait en maître. C'est l'époque qui voulait ça, diront certains, comme si les persécutions des Juifs relevaient d'une obligation sinon de la fatalité.

À ceux-là, il faut répondre avec la plus grande fermeté : non, il s'agissait d'un choix. Le choix de l'ennemi contre la France. Le choix de la dictature contre la démocratie. Le choix de l'obscurantisme contre la lumière. Ainsi, pendant que Paul Touvier et ses complices arrêtaient, pillaient et tuaient ; pendant que Bousquet livrait les enfants juifs à la police allemande qui ne les avait pas demandés ; pendant que Philippe Henriot et Pierre Laval appelaient à la victoire de l'Allemagne nazie, d'innombrables Français et étrangers se battaient pour libérer le pays et prenaient des risques pour sauver des Juifs. Au cours de son témoignage devant la cour d'assises de Versailles, Henri Glaeser a raconté comment son père avait été sauvé dix-huit fois avant de tomber entre les mains de Touvier. Des villages entiers se sont mobilisés pour cacher des Juifs traqués, dont les plus célèbres sont Le Chambon-sur-Lignon, dans la Haute-Loire, ou Dieulefit, dans la Drôme. Et tant d'anonymes, de sans-nom et de sans-grade, « justes parmi les nations », tels ces concierges qui prévenaient les Juifs quand la police française était passée alors qu'ils étaient absents, ou qui ouvraient la porte de leur loge pour accueillir ceux qui fuyaient. Ainsi, 75 p. 100 de la communauté juive de France ont pu être sauvés.

L'audace de Paul Touvier qui prétend avoir agi en patriote n'en est que plus grande : contrairement à ce qu'il affirme, il ne représente pas la France mais l'anti-France, celle qui nie les valeurs fondamentales de la République et qui collabore avec l'ennemi ; celle qui livre ses propres enfants à la mort pour la seule raison qu'ils sont ou sont présumés être « de race juive ». Paul Touvier a trahi la France comme il a trahi les idéaux du christianisme. Il a en effet raison d'affirmer qu'un véritable chrétien ne peut pas être antisémite.

Le cas du cardinal Gerlier est à cet égard intéressant. Pierre-Marie Gerlier, ancien combattant de la Grande Guerre, archevêque de Lyon, n'a jamais dissimulé son admiration pour le Maréchal. « Pétain c'est la France, et la France c'est Pétain », a-t-il déclaré le 19 novembre 1940. Il adhère totalement et sans réserve à la « révolution nationale ». Mais lorsque paraissent les premières lois antijuives, lorsque commencent les arrestations, les rafles, les humiliations, le prélat s'indigne, s'élève, s'oppose. Ainsi, au mois d'août 1942, le cardinal Gerlier s'interpose personnellement pour empêcher la déportation de quatre-vingt-quatre enfants juifs, en affrontant violemment le préfet de région Angeli. Le 6 septembre 1942, il fait lire en chaire dans tout le diocèse de Lyon une lettre pastorale protestant avec véhémence contre le traitement infligé aux Juifs : « L'exécution des mesures de déportation qui se poursuivent actuellement contre les Juifs donne lieu sur tout le territoire à des scènes si douloureuses que nous avons eu l'impérieux et pénible devoir d'élever la protestation de notre conscience. Nous assistons à une dispersion cruelle des familles où rien n'est épargné, ni l'âge, ni la faiblesse, ni la maladie. Le cœur se serre à la pensée des traitements subis par des milliers d'êtres humains et plus encore en songeant à ce que l'on peut prévoir. »

Cette lettre vaut au cardinal Gerlier d'être vilipendé par la Milice qui le traite de « prélat ventripotent au nez de Juif » et projette même son arrestation[3]. Interrogé au sujet de ce message pastoral dont les catholiques de la région étaient destinataires, Paul Touvier a cette réponse : « Je ne devais pas être à l'église ce jour-là. J'étais tellement occupé à cette période que j'ai un peu abandonné la pratique... »

S'il a abandonné la pratique de l'église, Paul Touvier n'a jamais abandonné celle de l'antisémitisme. Il l'a poursuivie, elle l'a poursuivi, et a même fini par le rattraper, pour mieux le confondre.

30 mars 1994, 13 h 30. Le président Boulard décide de prendre le temps nécessaire à l'ouverture des scellés, accédant à la demande formulée dès les premiers jours du procès par un avocat de la partie civile. Devant lui, six énormes cartons rassemblant les documents saisis lors de l'arrestation de Paul Touvier en 1989, où l'on retrouve le spécialiste du renseignement, du fichage, le Touvier collectionneur, le Touvier greffier, scribe de sa propre condamnation. Comme chacun le pressentait, ces cartons recèlent des « trésors », ceux des archives personnelles de Paul Touvier, dont l'examen achève de faire tomber le masque.

Le président fouille dans les cartons, en retire des dossiers dont il lit les noms : Klarsfeld, Jean Moulin... feuillette un album photos sur la Milice, examine un opuscule sur les éditoriaux de Philippe Henriot. « On peut les écouter si vous voulez », lance Touvier sur le ton de la provocation.

Imperturbable, le président Boulard tombe sur le journal intime de Chantal Berthet : il le repose sans l'examiner, marque de son tact et de sa délicatesse, qui ne sont manifestement pas partagés par tout le monde ; déception de ceux qui espéraient pousser plus avant la mise à nu. Tout cela est presque impudique. Paul Touvier est dans ses « petits papiers ». On le sent gêné, agacé, irrité : il n'est jamais agréable de voir ainsi son intimité étalée en public.

Voici un numéro spécial d'*Historia* consacré à la Milice

et conservé comme une relique par l'accusé. Le président saisit à présent un peu au hasard un grand cahier vert d'écolier, sur lequel on peut lire : « Du 21 avril 1985 à fin décembre 1988 ». « C'est bien votre écriture ? » demande-t-il presque machinalement à Paul Touvier, sans prêter manifestement une grande attention à ce document.

« Vous allez voir, il y a un peu de tout, murmure l'accusé, complétant : C'était un amusement. »

L'œil du président Boulard s'éclaircit, se fait plus vif, marquant un regain de curiosité. « Si vous dites que c'est un amusement, c'est qu'il y a peut-être des choses qui vous gênent là-dedans... »

Et voilà comment toute la salle des assises, et derrière elle la France entière, entre dans ce cahier à l'aspect anodin mais au contenu pestilentiel...

Ce n'est pas un journal intime mais un recueil des impressions et des sentiments de Touvier au fil de ses lectures ou des émissions télévisées qu'il a pu suivre. Et Touvier regarde beaucoup la télévision. Il aime les films et particulièrement ceux qui furent tournés pendant sa jeunesse. Il ne déteste pas suivre les magazines, surtout quand il est question de la guerre et de la collaboration. Chaque émission, quel que soit son sujet, est pour lui l'occasion d'un commentaire acerbe sur l'effondrement des valeurs et l'omniprésence des Juifs...

Le président feuillette. « Le 7 octobre, à propos du film *L'aventure c'est l'aventure*, vous écrivez : "Lelouch est un provocateur juif... l'aventure c'est une farce (grosse farce juive)." »

Touvier se tait, terrassé. Lui connaît la suite. L'assistance, pas encore ; elle la découvrira à son tour, médusée.

Le président poursuit : « 11 janvier 1986 : Antenne 2 propose une émission de Michel Polac intitulée *les Enfants de Pétain*. Vous faites ce commentaire : "Jeu de mots hargneux signé : JUIFS, ce sont eux les enfants de la grande putain démocratique !" »

Touvier est livide. Devant lui, Jacques Trémolet de Villers encaisse le coup.

Le président reprend sa lecture : « Là, vous vous en prenez à deux films, *le Corps de mon ennemi*, que vous qualifiez d'"étalage de luxe juif et immoralité dans tous les domaines", et *la Chèvre*, au sujet duquel vous écrivez : "Encore du Juif..." »

On se demandera longtemps ce que les Juifs viennent faire dans ce film de Gérard Depardieu.

« Ici, poursuit le président, au sujet du procès Barbie, vous écrivez : "scandaleux", et à propos du décès de M. Hettier de Boislambert, président fondateur de l'Association nationale des médaillés de la Résistance : "Pauvre vieux ! je préfère mille fois le sort du Maréchal : d'un côté un profiteur, de l'autre un martyr (un vrai, pas un de la Résistance)." »

L'assistance retient son souffle. La « mise à nu » continue. « Là, vous avez fait une croix sur une photographie de Serge Gainsbourg et vous écrivez au sujet de Bambou, sa compagne, "qui serait la petite-fille du général von Paulus [*sic*], le grand vaincu de Stalingrad" : "La descendante d'un fer de lance du nazisme et le plus juif des auteurs compositeurs interprètes actuellement connus... Quelle ignoble revanche pour eux !" »

« À la page suivante, vous avez fait une croix sur le visage d'André Frossard avec ce commentaire : "Sinistre commerçant juif." »

La défense est aux abonnés absents.

« Tiens, observe le président, vous revenez à Barbie : au sujet de son procès, vous écrivez : "Même sujet odieux : la vengeance. Et pendant ce temps, Mgr [*sic*] Decourtray se fait interviewer par *Globe*, immonde revue juive." Là, vous relatez une émission d'Anne Sinclair. C'était Élisabeth Badinter reçue à *7 sur 7*. En marge, je lis : "Ordures juives, TF1, la paire." »

Le président poursuit : « Là, nous voyons une photo de Jean-Marie Le Pen découpée dans un journal avec cette légende manuscrite : "Enfin un peu d'air pur." Je vois aussi : "Écouter davantage ses discours dans les jours qui suivent." »

Le président Boulard interrompt sa lecture : « Alors, Touvier, vous ne continuez pas à nourrir des sentiments antisémites aujourd'hui ?

— Oh non ! répond l'accusé, c'est un accroc. »

Et la lecture reprend.

Mais il n'est pas possible de tout lire : cette haine distillée tous azimuts s'étale sur quatre-vingt-seize pages.

Le cahier circule à présent de main en main. Jacques Trémolet de Villers le feuillette fébrilement, dépité, comme à la recherche d'une bouée de sauvetage qu'il ne trouvera pas.

Les avocats des parties civiles découvrent à leur tour de nombreux autres éléments que le président n'a pas eu le temps de relever. Ainsi, ce commentaire de Paul Touvier au sujet d'une messe dans une « chapelle remplie... de Noirs » ; il n'y en a donc pas que pour les Juifs... Ou encore cette révélation, à la date du dimanche 13 septembre 1988 : « Vu Trémolet avant la messe... » Étrange, lorsque l'on sait que Jacques Trémolet de Villers a toujours affirmé avoir fait la connaissance de son client après son arrestation...

« Des mots que tout cela », persiste à considérer Paul Touvier. Mais cette fois les mots l'ont trahi, car ils sont écrits de sa propre main. Les paroles s'envolent mais les écrits restent. Et ceux-là sont restés, pour accabler leur auteur. Le cahier vert est devenu le plus redoutable témoin à charge : il n'avait pourtant pas été cité par l'accusation ou par les parties civiles. Ce document capital était en effet inconnu jusqu'à ce qu'il soit découvert à l'audience. Il faisait bien juridiquement partie du dossier, mais il avait été placé sous scellés par le juge d'instruction, qui ne l'avait sans doute pas lu. Il aurait tout aussi bien pu demeurer inaperçu à l'audience si l'ouverture des scellés n'avait été réclamée par un avocat des parties civiles. La justice tient décidément à peu de chose.

Pour l'heure, Paul Touvier s'est réfugié dans le mutisme ; comme un écolier surpris en flagrant délit, il boude. Il sait que le plus dur est à venir. Car le 29 juin 1944, ce n'est pas avec des mots qu'il a tué des Juifs...

1. Dès 1940, Vichy promulgue toute une série de lois antijuives. Le 22 juillet 1940, douze jours après que Pétain a obtenu les pleins pouvoirs, est mise en place une commission de révision des naturalisations accordées, avec la possibilité de retirer la nationalité française à tous les Juifs qui seraient jugés indésirables. Le 27 août 1940 se trouve abrogé un des textes les plus vilipendés par les extrémistes : le décret-loi Marchandeau d'avril 1939, qui interdisait à la presse de publier les appels à la haine raciale et religieuse. Le 3 octobre 1940 est publié le premier statut des Juifs de France, qui s'applique à la zone libre et en zone occupée. D'après ce statut, est considérée comme Juif « toute personne issue de trois grands-parents de race juive ou de deux grands-parents de la même race, si son conjoint lui-même est juif ». Les articles 1 à 7 de ce statut interdisent aux Juifs ainsi définis d'accéder à l'ensemble des fonctions publiques et de les exercer (haute administration, corps enseignant, magistrature, armée, professions libérales, entreprises culturelles, journaux, radio). Un second statut des Juifs de France sera promulgué le 2 juin 1941, précisant la définition du Juif et lui fermant de nouvelles professions, notamment celles de la banque et du spectacle. La loi du 4 août 1940 assigne en résidence forcée les Juifs étrangers ou ordonne leur internement. La loi du 7 octobre 1940 abroge le décret Crémieux de 1870 qui conférait la citoyenneté française aux Juifs d'Algérie. Le 29 mars 1941 est créé le commissariat général aux Questions juives, chargé de surveiller l'application des mesures antijuives et d'en préparer de nouvelles. Une loi du 22 juillet 1941 vise à « éliminer toute influence juive dans l'économie

nationale », confiant à des administrateurs provisoires les biens juifs. À partir de 1941 se multiplièrent les arrestations de Juifs français et étrangers. Au mois de juillet 1942 étaient passés les accords Oberg-Bousquet : désormais les autorités françaises livraient aux Allemands les enfants juifs qui ne leur étaient pas même demandés. Au cours de l'été 1942 surviendront les grandes rafles, dont la plus connue est celle du Vel d'Hiv.

2. *La France de Vichy*, Seuil, 1974.
3. Voir *Paul Touvier et l'Église*, *op. cit*, p. 77.

IV

La cristallisation du crime contre l'humanité

29 juin 1944 : le jour s'annonce lorsque sept hommes sont plaqués contre le mur du cimetière de Rillieux-la-Pape et fusillés, dans le dos, de plusieurs rafales de pistolets-mitrailleurs.

Quelques secondes de silence, puis de nouvelles détonations résonnent. Les suppliciés viennent d'être achevés. Cette fois on a visé leurs visages.

À nouveau le silence. Un bruit de moteur. Les camions qui avaient amené les francs-gardes et leurs victimes reprennent la direction de Lyon. Les corps sont abandonnés sur place, au pied du mur. Six d'entre eux portent sur la poitrine des cartons calligraphiés avec application, mentionnant leurs noms. Le septième restera inconnu.

Claude Benzimra, vingt-quatre ans, Émile Zeizig, cinquante-sept ans, Léon Glaeser, cinquante-sept ans, Siegfried Prock, quarante-deux ans, Maurice Schluselmann, soixante-quatre ans, Louis Krzykowski, quarante-six ans, et l'inconnu ont tous été raflés par la Milice lyonnaise dans les heures qui ont précédé leur exécution et enfermés, impasse Catelin, dans une cellule à part qu'ils ont partagé avec un autre prisonnier, un résistant FTP nommé Louis Goudard, finalement écarté peu avant l'exécution.

Ils étaient juifs. Et c'était là l'unique mobile de leur assassinat organisé en représailles à la mort de Philippe Henriot, milicien, ministre de Vichy, propagandiste à la verve polémique, abattu la veille à Paris par un commando de la Résistance.

Appelé quelques heures plus tard à Rillieux, un policier français enregistrera la déposition d'une dame Drevet, demeurant à proximité du cimetière. C'est le seul témoignage qui permet aujourd'hui de fixer l'heure de l'exécution : « J'ai été réveillée par un bruit de moteur qui a précédé de peu les coups de feu. Presque aussitôt après j'ai entendu l'horloge du clocher sonner cinq fois. Par prudence, je suis restée dans mon lit. » Ce même policier, simple fonctionnaire, jettera dans un rapport, au sujet des victimes, ces mots qui trahissent l'état d'esprit de leur époque : « Sept visages présentant tous le type juif. »

28 mars 1994. Quarante-neuf ans et neuf mois après le massacre de Rillieux, Paul Touvier s'apprête, pour la première fois devant la cour d'assises, à parler en détail des faits. Il est 17 heures. Il est fatigué par une audience qui a vu, notamment, l'historien Robert Paxton déposer. Pour une fois, sa prudence naturelle lui fait défaut.

LE PRÉSIDENT : « Le 28 juin 1944 était un mercredi. »

TOUVIER : « Ah ? je ne savais pas. Mais, de toute façon, si on veut parler de ça, il faut commencer par le commencement. »

LE PRÉSIDENT : « Et c'est ? »

TOUVIER : « Londres. »

LE PRÉSIDENT : « Londres ? Je ne vois pas Londres dans tout cela ?

TOUVIER : « Si, puisque c'est Londres qui a donné l'ordre d'assassiner Philippe Henriot. »

Le ton est donné : ainsi, selon Touvier, c'est Londres qui serait responsable du massacre de Rillieux.

L'accusé poursuit, raconte avec précision la mort d'Henriot, tué à l'aube du 28 juin par un groupe de résistants déguisés en miliciens : « Ils l'ont abattu devant sa femme. » À la suite de quoi, il se raconte lui-même, expliquant comment, ce matin-là, il se trouvait à Vichy. Comment il est revenu à Lyon, en fin de matinée, après un petit détour : « Dans les environs de Vichy, nous avions de la famille, et je savais y trouver du ravitaillement. »

À Lyon, le chef milicien tombe d'abord sur son chauffeur, qui lui apprend la nouvelle de la mort d'Henriot. Touvier : « Il devait être 14 h 30 et Feuz m'a dit : File chez de Bourmont[1], il te cherche partout. »

Le vieil homme s'interrompt, boit une gorgée d'eau et se retrouve par le souvenir dans le bureau du chef régional de la Milice : « De Bourmont était atterré. Il m'a dit que les Allemands voulaient fusiller cent otages en représailles et que, non sans difficultés, il avait réussi à ramener ce nombre à trente, tout en exigeant que l'affaire reste entre Français. Si c'est les Allemands qui fusillaient, c'était une catastrophe au niveau de la publicité. » Curieuse conception de la propagande selon Touvier, qui voulait que les Français soient fusillés par les Français. « J'étais effondré, mais il fallait des exécutions, continue Touvier. Je lui ai dit que si nous procédions par étapes, on pourrait faire baisser le nombre des victimes. Pourquoi en sommes-nous restés à sept ? Je l'ignore. »

Touvier contacte alors Reynaud, son adjoint : « Je lui ai dit : Il faut trouver, enfin désigner, sept Juifs. » Sur sa lancée et à la manière d'un joueur qui se défausse, il ajoute à propos de Reynaud : « André s'est occupé des détails. C'est-à-dire de choisir les victimes. » Enfin, il conclut : « En fait, j'ai sauvé la vie à vingt-trois personnes. Ce qui est désolant, c'est que l'on n'en a pas retrouvé une. »

À cette étape de son récit, la mémoire de l'accusé retombe en panne. Ses phrases se font plus brèves, ses réponses laconiques. Le président Boulard s'irrite : « Vous ne dépendiez pas de De Bourmont. En tant qu'inspecteur national de la Milice vous dépendiez directement de Vichy. Pourquoi ne vous êtes-vous pas tourné vers Vichy ? »

TOUVIER : « Je n'ai pas eu le temps. »

LE PRÉSIDENT : « Pourtant, à Vichy, Bout-de-l'An[2] était prêt à vous soutenir ? »

TOUVIER : « Je n'y ai pas pensé. »

LE PRÉSIDENT : « Vous aviez aussi la solution de partir, de disparaître. »

TOUVIER : « Ça ne m'est pas venu à l'idée. »

LE PRÉSIDENT : « Il y avait aussi la solution du courage. »

TOUVIER : « Laquelle ? »

LE PRÉSIDENT : « Vous n'avez donc rien fait sinon donner des instructions pour qu'on trouve des Juifs. »

Touvier se tasse dans son fauteuil, boit à nouveau, regarde le dos de son défenseur. Le président Boulard poursuit : « Aviez-vous seulement sept Juifs dans vos prisons ? »

Touvier, qui a horreur de voir remettre en question ses compétences professionnelles, répond aussitôt : « Bien sûr que oui. »

« C'est faux », rétorque le président, qui sort de son dossier le témoignage d'un survivant, Piégay, détenu impasse Catelin au moment du drame : « Les miliciens voulaient voir qui était juif. Ils ont fait ouvrir les braguettes des hommes et vérifiaient avec les canons de leurs pistolets. Or il n'y avait que deux Juifs parmi nous ce jour-là. »

TOUVIER : « Ce n'est pas moi qui ai fait cela. »

LE PRÉSIDENT : « C'est pourtant vous qui supervisiez toute l'opération ? »

Touvier : « De loin. »

L'accusé hoche la tête, voudrait partir. Confronté à ses vieilles confidences à Mgr Duquaire — « mon rôle à moi a consisté à choisir des prisonniers » —, le voilà à présent contraint de reconnaître du bout des lèvres l'existence d'une rafle. Toutefois, il refuse de confirmer que le nombre de victimes obéissait à une consigne implicite de la Milice : pour un milicien tué, huit otages fusillés.

Il proteste : « Ils n'étaient pas huit. »

Le président : « Oui, puisque Goudard a été écarté. »

Touvier : « Goudard n'était pas juif. »

Le président : « Je ne vous le fais pas dire, et c'est pour cela qu'il a été écarté. »

Touvier baisse la tête, il ne veut plus rien entendre, ni rien savoir. Le magasin d'Émile Zeizig, bonnetier à Sainte-Foy-lès-Lyon, a-t-il été pillé par des miliciens dans les heures suivant l'exécution ? Touvier n'en sait rien : « Pas au courant. » Ce qu'il sait, ce qu'il veut bien dire, c'est que le souvenir de ce drame le poursuit, qu'il a fait dire des messes en mémoire des sept victimes et qu'à plusieurs reprises il est allé faire un pèlerinage devant le mur du cimetière de Rillieux. C'est tout.

Pour le reste, il charge son ancien adjoint Reynaud, mort depuis longtemps. Lui, il le confesse bien volontiers, il est allé se coucher au moment où les camions ont quitté l'impasse Catelin, conduisant les prisonniers vers la mort. Il n'a rien fait d'autre, il l'affirme.

Le président : « Mais alors, qui était responsable ? »

Touvier : « Si on analyse bien la situation, c'est Londres qui était responsable. »

29 mars 1994. La nuit porte conseil. Les avocats aussi. La veille, Touvier s'était montré imprudent dans son récit en mettant trop en avant le rôle des Allemands. Ce faisant, il s'enfermait lui-même dans le cadre d'un acte

d'accusation reposant, on le sait, sur la décision de la Cour de cassation du 27 novembre 1992. Un arrêt dans lequel il est écrit que Touvier ne peut être poursuivi que sur le fondement de l'article 6c du statut du tribunal militaire international de Nuremberg. C'est-à-dire à la seule condition d'avoir été le complice d'un crime contre l'humanité commis à l'initiative d'une des puissances de l'Axe. Ici, l'Allemagne.

En modifiant sa version et en imputant la responsabilité du crime de Rillieux à la seule Milice, quitte à endosser sa part d'opprobre, Touvier peut donc espérer échapper à une condamnation, Vichy n'ayant jamais compté au nombre des puissances de l'Axe et la Milice n'ayant jamais été déclarée organisation criminelle à Nuremberg.

D'autant que, dans le camp adverse, cette thèse a des partisans, au premier rang desquels figure Arno Klarsfeld. Il n'est pas le seul. Ainsi, le dossier d'instruction aboutit à la même conclusion. Tout comme le réquisitoire définitif signé par le substitut Martine Boulouque : « Il apparaît bien en réalité que l'assassinat des sept otages de Rillieux est directement et exclusivement imputable à la seule Milice, qui a voulu ainsi venger la mort de Philippe Henriot, milicien lui aussi. »

Reste que ce revirement intervient bien tard et sent le coup monté. Comment le vieux milicien compte-t-il notamment faire oublier ses nombreuses déclarations de naguère, au nombre desquelles sa compromettante confession à Mgr Duquaire ? « Nous avons agi sur ordre allemand », avait expliqué l'accusé au prélat. Ce 29 mars 1994, il convient donc de revoir la copie, de dire le contraire de ce qu'on affirmait la veille. Bref, d'assurer que lui, Touvier, n'a pas participé, aussi humblement que ce soit, au génocide entrepris par les nazis.

Aussi, dès le début de l'audience, il demande à

prendre la parole : « J'aimerais refaire le récit du drame de Rillieux », indique-t-il à la cour.

Le président, d'un geste, l'autorise à parler.

« Tout d'abord, il faut camper les personnages. Il y a donc de Bourmont, chef régional de la Milice, moi et Werner Knab, chef de l'Einsatz Kommando de Lyon[3]. Le drame tourne autour de ces trois personnes. Comme je vous l'ai raconté hier, j'arrivais de Vichy lorsque j'ai appris que de Bourmont me cherchait de partout. Il était atterré. Il m'a expliqué que Knab avait exigé l'exécution spectaculaire de cent Juifs. Pour de Bourmont, il était horrible que ce soit les Allemands qui vengent Philippe Henriot. C'était un ancien officier de spahis, un type à la forte volonté, mais là il a craqué et moi aussi. Alors, nous avons convenu *(sic)* de ramener le nombre des victimes à sept. Je crois que c'était une idée de moi mais je ne sais plus pourquoi j'ai fixé ce nombre à sept. Ensuite je suis rentré impasse Catelin et j'ai expliqué à Reynaud la situation. Lui aussi était un militaire, il a vite été convaincu et il a procédé aux préparatifs. Moi, je suis allé à Fourvière voir un père jésuite et je lui ai demandé ce qu'il fallait faire. »

C'est la première fois que Touvier parle de ce prêtre. On l'interroge à ce sujet.

« Il m'a dit qu'il n'y avait qu'une solution, prendre le maquis. Je ne pouvais pas faire cela, pour moi c'était déserter. Et puis, dans le maquis, on me connaissait... Nous n'avons pas trouvé d'autre solution, les prisonniers sont partis à la nuit tombante. C'était fait, mon rôle était terminé. »

Les prisonniers sont partis à la nuit tombante alors que l'exécution s'est déroulée à 5 heures du matin ? Une nouvelle fois on questionne l'accusé sur cette contradiction. Il s'embrouille, se perd dans ses explications et finalement se penche vers son défenseur : « Soufflez-moi, maître. »

Embarrassé, Jacques Trémolet de Villers rentre la tête dans les épaules.

Touvier poursuit donc : « Cette nuit-là j'ai passé une très mauvaise nuit. Excusez-moi, je suis un peu ému lorsque je parle de tout cela. Je n'ai pas oublié ce drame. On peut ricaner, c'est comme ça. Si bien qu'aux Charmettes à Chambéry j'avais dans ma chambre un petit cadre avec une photographie de treize crânes humains. »

« Pourquoi treize ? » demande une partie civile.

Touvier ne répond pas mais poursuit son monologue : « C'est la vérité. Je suis retourné sur les lieux après. Je me suis confessé plusieurs fois à cause de cela. On sourit quand j'affirme que j'ai fait dire des messes, mais c'est vrai. Des messes pour les Juifs, c'est valable. »

Le président tente de résumer : « Quelle est votre part de responsabilité là-dedans ?

— C'est bien difficile à calculer. Je ne sais pas », répond Paul Touvier.

Le président insiste : « Vous admettez, aujourd'hui, avoir une part de responsabilité ?

— Oui », lâche Paul Touvier. Et il reprend son discours, affirme que l'affaire s'est déroulée entre miliciens, réfute toute implication allemande dans le processus, nie tout ordre de Knab.

Le président : « Mais alors vous auriez pu gagner du temps, ne pas exécuter ? »

Touvier ne concède plus rien. Si la Milice a tué sept Juifs, c'est pour éviter que les Allemands n'en fusillent cent. Et encore, c'est grâce à lui que le chiffre s'est limité à sept, ses supérieurs voulaient en fusiller trente. Enfin, il s'énerve : « Je vous l'ai dit, les véritables responsables ce sont les gens de Londres. Et puis ça suffit, maintenant je ne dis plus rien. »

Édouard Lew s'avance vers la barre, à pas lents, le regard levé vers la cour : « On a beaucoup parlé des trous de mémoire de Touvier au cours de ce procès, je crois. En ce qui me concerne les choses sont restées présentes à mon esprit. Comme si elles s'étaient passées avant-hier... »

Avant-hier, c'est pour lui le 28 juin 1944 au soir, quand, en compagnie de Claude Benzimra, il s'est fait rafler dans un vieux bouchon de la rue Saint-Polycarpe à Lyon, le Pied de cochon. Les deux jeunes gens, qui s'étaient connus à Paris, se sont retrouvés à Lyon où ils survivent et tentent de travailler. « Moi, j'étais représentant pour une maison de mode parisienne », raconte le témoin avant de parler longuement de son ami Claude, qui avant guerre était décorateur : « Il était comme un jeune frère. »

Maintenant, les voilà entassés à l'arrière de la traction des miliciens qui roule en direction de l'impasse Catelin. Claude a peur. Édouard aussi. Lorsque soudain il croit reconnaître dans le chauffeur un de ses clients du quai de la Pêcherie : un chapelier nommé Lucien Broggi. « Il m'a également reconnu et m'a dit qu'il ne pouvait rien pour moi, que nous avions été dénoncés comme Juifs. » Pourtant, le chapelier laissera Édouard Lew filer, à quelques pas de la gare de Perrache. Il a bien voulu se laisser convaincre : « Si vous n'êtes pas juif, descendez. »

Lew a les mains nouées sur la barre des témoins. Il pleure en évoquant son ami abandonné : « Ne t'en fais pas, Claude, je vais prévenir ta famille et nos amis. »

Claude sera fusillé le lendemain à l'aube.

Lew a eu la vie sauve, mais cette vie est brisée. Il porte en lui le dernier regard de son ami et la honte de ne pas avoir succombé avec lui, la honte de survivre. Un sentiment partagé par ceux qui sont revenus des camps.

Il porte aussi en lui la honte du reniement. Au seuil de la mort, confronté à l'espoir fou de la vie, il a laissé derrière lui son ami. Combien sont-ils comme lui à avoir, le temps d'un éclair, détourné le regard ?

« Nous sommes les fils de Léo. » Henri et Georges

Glaeser, le cinéaste et le mathématicien, marchent à leur tour vers les jurés. Il leur faut parler de leur père, l'avocat Léo Glaeser, qui a tenté jusqu'à sa mort de fédérer et d'organiser les Juifs de France à travers ce qu'il est convenu d'appeler le « comité de la rue Amelot ».

« Je suis ici pour parler de mon père, mais à travers lui je veux parler des six millions de Juifs qui ont été tués comme des bêtes. » Georges Glaeser est tout de colère contenue. Parfois, il ne peut la retenir et se tourne vers l'accusé, qui fuit son regard : « Vous leur avez dénié le droit de vivre sur la planète. »

« Mon père n'a pas été fusillé pour ses activités mais parce qu'il était juif, reprend Georges Glaeser. Ceux qui ont abattu Henriot à Paris étaient des résistants et nous ne savons pas s'il y avait des Juifs parmi eux. À Lyon, ce sont des Juifs qui ont payé. La logique qui consiste à prendre des boucs émissaires, c'était la logique de Vichy. »

Puis il évoque la question du pardon, brandie avant lui par les adversaires du procès : « La question du pardon est immorale. Il est immoral de pardonner à quelqu'un qui ne le demande pas. De plus ce serait là une pédagogie détestable. » Son regard se braque sur Jacques Trémolet de Villers : « Pourquoi, enfin, nous réconcilier avec des gens qui continuent à nous échauffer les oreilles avec leurs mensonges. »

L'attention de la salle est concentrée sur le discours du petit homme vif, âgé et pourtant juvénile, qui parle à la cour : « Il y avait en France deux sortes de Français. »

Un silence.

Chacun, intérieurement, croit bon de compléter la phrase d'un : « ceux qui étaient juifs et ceux qui ne l'étaient pas ». Mais d'autres mots tombent de la bouche de Georges Glaeser : « Il y avait ceux qui ont pris le risque de sauver des Juifs, de cacher des enfants juifs. Et il y avait ceux qui n'attendaient pas les ordres allemands pour les précéder. »

À nouveau, Glaeser s'adresse directement à Touvier : « Lorsque l'on procède à une exécution, on met ensuite les corps dans des cercueils et on les enterre. Pourquoi avez-vous abandonné les corps sans leur donner une sépulture ? »

Touvier ânonne : « Je ne sais pas. On pensait que quelqu'un d'autre s'en occuperait. La police peut-être. »

« Je suis quand même reconnaissant à Paul Touvier pour une chose. Grâce à lui, j'ai entrepris des recherches qui m'ont permis de mieux connaître mon père. » En ultime hommage à ce père trop tôt disparu, avant de retourner sur son siège, Georges Glaeser ajoute : « Je suis fier d'être le fils de Léo Glaeser. Il n'était qu'un Juif, mais cela ne fait rien. »

René Zeizig vient à son tour refaire devant les jurés le récit de l'arrestation de son père, Émile Zeizig, le bonnetier de Sainte-Foy-lès-Lyon. Cet ancien combattant, président du patronage laïc, a été arrêté chez lui le 28 juin, peu avant 20 heures, par quatre miliciens arme au poing. « On lui a refusé le droit de prendre sa gabardine », explique le fils. « Là où il va, il n'en aura pas besoin », a lancé le milicien qui conduisait le détachement.

Mais la mort d'Émile Zeizig ne suffisait pas. Dans l'après-midi du 29 juin, son magasin est pillé par un groupe de francs-gardes venus sur place en camion.

Touvier, qui semble à nouveau se désintéresser de son procès, fait mine de ne pas avoir eu vent de ce pillage. Mais, brusquement, son regard se durcit. Il a envie de faire mal, une dernière fois : « Si ce M. Zeizig a été arrêté, c'est sans doute qu'il se livrait au marché noir. »

Un ami, des fils, un frère (Gérard Benzimra) ont donné leurs voix aux victimes de Rillieux, un soufle de vie à leurs visages, qui n'apparaissaient, jusque-là, qu'à travers les images figées et jaunies des photographies. À présent un témoin vient raconter les dernières heures des suppliciés, le moment où ils furent extraits du cachot, et le choix qui s'est opéré là, entre Juifs et non-Juifs.

Louis Goudard, le témoin clef. Celui sur lequel repose le procès. Celui dont la parole, seule, établit le crime contre l'humanité reproché à Paul Touvier.

Le 6 avril 1994, lorsqu'il est appelé par le président Boulard, la salle de la cour d'assises de Versailles est bondée. Les mains à plat sur son bureau, Jacques Trémolet de Villers arrondit les épaules à la manière des lutteurs de sumo. Droit dans son fauteuil, Touvier accueille le témoin d'un regard acéré.

D'ordinaire, Louis Goudard est un taiseux. À soixante-quatorze ans, solide, les yeux souvent cachés derrière des lunettes noires, il n'est ni du genre à s'épancher, ni du genre à raconter sa guerre. Pourtant, ancien responsable du renseignement pour les FTP lyonnais, Goudard était presque l'homologue de Touvier, dans un autre camp. Il était aussi l'un des dirigeants de la MOI[4].

Aujourd'hui, il lui faut parler et raconter les circonstances de son arrestation : « C'était de ma faute car je n'ai pas suffisamment observé les règles de prudence. Résultat : j'ai été arrêté le 21 juin 1944 par des miliciens du Deuxième Service, place du Pont à Lyon. » Conduit impasse Catelin, « présenté » à Touvier, Goudard va subir plusieurs interrogatoires musclés dirigés par Gonnet. Par pudeur, il n'acceptera d'évoquer les tortures subies — la baignoire, les coups, la gégène, les aiguilles sous les ongles — que du bout des lèvres : « Ce qui est le plus dur, c'est le moment qui précède le premier coup, quand on se demande si on parviendra à ne pas parler. »

Les interrogatoires vont se succéder. Entre deux séances, Louis Goudard est enfermé dans la plus petite cellule du Deuxième Service, six mètres carrés à peine, faiblement éclairée par une lucarne. Celle dans laquelle, le 28 juin 1944 au soir, ils se retrouveront onze prisonniers.

Le témoin se souvient : « Quand deux jeunes résistants arrêtés le matin nous ont appris l'exécution d'Henriot, j'ai pensé que nous étions foutus. Et, en effet, toute la journée de nouveaux détenus sont venus nous rejoindre dans notre cellule. »

Louis Goudard n'a pas oublié l'arrivé du jeune inconnu qui, lui, fut arrêté en fait le 26 juin. À voix basse, ce garçon à l'allure distinguée lui a confié être juif et avoir été arrêté à son usine, sans doute sur dénonciation. Avec un accent parisien il lui a parlé de sa mère, que les hommes de Touvier cherchaient en vain.

Il se souvient aussi de l'arrivée de Léo Glaeser, avec lequel l'inconnu s'est entretenu. Il précise : « J'ai compris qu'il s'agissait de Juifs. À eux, on ne leur avait enlevé ni leurs lacets, ni leurs ceintures. C'était mauvais signe. J'ai pensé que nous allions être fusillés. Vers 10 heures dans la nuit du 28, l'inconnu s'est levé, il s'est adossé à la porte et il a chanté l'air du condamné à mort de *Tosca*. Il chantait bien. En d'autres temps les miliciens l'auraient fait taire. Cette nuit-là, ils n'ont rien fait. »

Goudard poursuit : « Au moment où le carreau de la fenêtre blanchissait, vers 3 h 30 du matin, la porte s'est brusquement ouverte. Maurice Abélard[5], un de nos compagnons, a été appelé. Après un certain temps, mes sept camarades et moi-même avons été appelés à notre tour par le milicien Gonnet qui, pour une fois, avait revêtu son uniforme. Je fus le dernier à sortir de la cellule alors que Touvier arrivait. Les autres, à l'appel de leurs noms, avaient été alignés face au mur. Quant aux deux jeunes maquisards, ils avaient été placés à l'écart. »

Louis Goudard sort de la cellule, Touvier arrive, leurs deux regards se croisent : « Il a attiré Gonnet et, après un bref conciliabule, ce dernier m'a donné l'ordre de regagner la cellule où il m'a à nouveau enfermé. »

Le résistant vient d'échapper au peloton d'exécution,

écarté au dernier moment. Il n'est pas juif : « À midi, quand on m'a tendu ma gamelle, quelqu'un m'a dit : Les Juifs ont été tués. »

Soulignant l'importance de ce témoignage, Me Richard Zelmati aura cette formule au cours de sa plaidoirie : « C'est au moment où Goudard est écarté que le crime contre l'humanité se cristallise. »

Louis Goudard maintenant se tait. Il croit sa déposition terminée. C'est compter sans la défense, qui a décidé d'engager le fer en entamant un procès en ingratitude pour le moins surprenant : « Comment, vous que Touvier a sauvé, vous venez aujourd'hui l'accuser. Quelle marque de reconnaissance ! »

Louis Goudard réplique : « Ce n'est pas Touvier qui m'a sauvé la vie. Ce sont les milliers d'hommes qui ont fait le sacrifice de la leur en débarquant le 6 juin 1944 sur les plages de Normandie. À partir de cette date, les miliciens sont devenus plus compréhensifs envers les résistants et les trafiquants de marché noir. Mais pas avec les Juifs, pour qui cela a été pire. »

Jacques Trémolet de Villers persiste. Il connaît l'importance du témoignage de Louis Goudard. Il insiste et, pour tenter de le déstabiliser, il conteste son évasion de la prison de la Milice : « Il est de mon devoir de défenseur de faire éclater les contradictions dans ce témoignage. Il est étonnant de constater que le chef de renseignement du FTP, c'est-à-dire un personnage de première importance, ait pu s'évader miraculeusement, dix-neuf jours seulement après son incarcération.

« Suggérez-vous que Louis Goudard ait été un agent double ? s'indigne l'un des représentants des parties civiles.

— Oh ! vous êtes très intelligent ! » ricane Trémolet de Villers.

Une nouvelle fois, Paul Touvier coupe lui-même l'herbe sous les pieds de son défenseur : « Oui, je m'en souviens de cette évasion. Les hommes qui les ont laissés s'échapper ont été durement réprimandés. »

1. Chef régional de la Milice, Victor de Bourmont a disparu en 1945, quelque part sur le front de Poméranie. Il portait alors l'uniforme de la division SS Charlemagne.

2. Secrétaire général adjoint de la Milice depuis 1943, Francis Bout-de-l'An était un des proches de Darnand.

3. L'Einsatz Kommando regroupait plusieurs services de sécurité, dont le Sipo-SD de Barbie.

4. MOI : Main-d'œuvre immigrée, mouvement communiste regroupant les résistants étrangers.

5. Maurice Abélard était un opérateur radio du BCRA. Il a été arrêté par la Milice le 23 juin 1944. Il a témoigné au procès.

V

Témoignages

Comme Louis Goudard, cinquante-deux témoins ont été cités à comparaître devant la cour d'assises de Versailles, vingt-deux à la requête du parquet, vingt-quatre à la requête de la défense et six à celle des parties civiles. Compte tenu des défections, quarante-six seulement ont en définitive été entendus.

Comme le prévoit la loi, tous les témoins régulièrement cités ont été appelés dès le premier jour du procès, avant l'interrogatoire de l'accusé. Il s'agit pour le président de s'assurer qu'aucun d'entre eux n'est présent dans la salle avant sa déposition, ce qui serait un motif de cassation. Le procès devant durer plusieurs semaines, ils ont été avisés à l'avance de la date de leur audition, afin de leur éviter des déplacements et de longues heures d'attente inutiles.

En ce 17 mars 1994, deux témoins seulement sont présents : le père Ducret — qui a pourtant adressé une lettre à la cour pour la prier de le dispenser d'avoir à témoigner, autorisation qui lui a été refusée — ainsi que Pierre Messmer. Tous deux seront reconvoqués pour le 5 avril, et invités à quitter la salle d'audience jusqu'à cette date.

Sept autres personnes ont également écrit à l'avocat général ou au président Boulard pour faire connaître leur impossibilité de se déplacer pour témoigner. Parmi elles, Jacques Chaban-Delmas, son état de santé ne lui permettant pas de répondre à l'invitation qui lui a été faite par les parties civiles.

La défaillance d'un huitième témoin sera l'objet d'un incident. Il faut dire que ce témoin ne fait valoir aucune raison médicale ; ses motivations sont davantage politiques, comme d'ailleurs celles de la défense qui a cru devoir le faire citer. Il s'agit d'Édouard Balladur. Celui-ci aussi a écrit au président Boulard, pour lui faire savoir que cette citation ne lui « paraît pas dictée par le souci de la manifestation de la vérité ». Il ajoute : « Je n'ai pas eu, à l'évidence, à connaître des faits qui sont reprochés à Paul Touvier. Je ne saurais, par ailleurs, apporter à la Cour quelque éclaircissement que ce soit sur la personnalité de l'accusé. En effet, il est question de la grâce qui lui fut accordée, je n'ai pris aucune part dans l'aboutissement favorable de sa demande. C'est dire que mon témoignage ne me semble pas utile. Toutefois, soucieux de ne pas faire obstacle au cours de la Justice, je souhaite, avant toute mise en œuvre de la procédure prévue par l'article 652 du Code de procédure pénale, que la Cour délibère sur ce point. »

Jacques Trémolet de Villers ne veut cependant pas perdre son effet d'audience et le plaisir de mettre à mal le Premier ministre en exercice, qui était un proche conseiller du président Pompidou au moment où celui-ci a signé le décret de grâce de Paul Touvier en 1971. Il insiste donc pour obtenir l'audition d'Édouard Balladur. Après avoir délibéré sur ce point, la cour décide de surseoir à statuer sur l'opportunité de cette audition, se réservant de le faire dans l'hypothèse où les débats à venir en feraient apparaître la nécessité. En définitive, il n'en sera rien.

À l'occasion de cet incident, la suggestion sera faite par Me Quentin, l'un des avocats de la LICRA, d'entendre sur cette question de la grâce Mme Anne-Marie Dupuy, qui était chef de cabinet du président Pompidou.

L'audition des témoins ne commencera en fait que le 24 mars 1994, après que les problèmes juridiques soulevés par la défense auront été réglés, et qu'il aura été procédé à l'interrogatoire complet de l'accusé sur son curriculum vitae et sur sa personnalité.

Le premier témoin entendu sera d'ailleurs Mme Anne-Marie Dupuy[1], suivie par les deux experts psychiatres qui ont examiné Paul Touvier, les docteurs Dubec et Cousin[2].

Le 25 mars 1994 sera consacré à l'audition des membres de la famille Touvier[3], puis des historiens, les professeurs Rémond, Bédarida et Chanal.

Le 28 mars sera réservé à la déposition du professeur Robert Paxton, venu spécialement des États-Unis à la requête des parties civiles[4], et à l'interrogatoire de l'accusé sur les faits.

Cet interrogatoire se poursuivra le 29 mars, ce qui sera l'occasion pour la cour d'entendre les témoignages du colonel Recordon et de l'adjudant-chef Mathy.

Ce n'est donc que le 30 mars que les premiers témoins directs des faits reprochés à Paul Touvier seront entendus.

La première à déposer est Gilberte Duc. Le témoignage de cette femme qui fut la secrétaire de Paul Touvier arrive immédiatement après la découverte du fameux cahier vert à l'occasion de l'ouverture des scellés. Sous le choc, l'accusé n'avait certainement pas besoin que son ancienne collaboratrice vienne en rajouter sur sa personnalité. C'est pourtant ce qu'elle fera. Âgée de soixante-treize ans, Gilberte Duc n'en avait que vingt-deux lorsqu'elle était employée au Deuxième Service de la Milice de Lyon. À la Libération, elle fut condamnée à l'indignité nationale après avoir passé quatre mois en prison ; elle fut plus tard amnistiée. Elle tient immédiatement à préciser, comme pour se justifier après cinquante ans : « J'étais plutôt sténodactylo que secrétaire. Je tapais des rapports et des dossiers. J'avais besoin de travailler parce que j'étais chef de famille... »

Sans malice, mais aussi sans volonté de nuire, Gilberte Duc livre à la cour un témoignage accablant pour Paul Touvier. Un de plus. Elle décrit l'accusé comme un chef « poli et courtois, mais également hautain et autoritaire ». C'était le « grand chef », précise-t-elle. Était-il antisémite ? questionne le président Boulard. « Un peu, répond le témoin... il se moquait d'eux... » Cette « révélation » prend une dimension toute particulière après la découverte du cahier vert...

Le témoignage de Gilberte Duc gagne lui-même en intensité et en intérêt quand elle déclare à la cour : « Au moment de l'assassinat de Philippe Henriot, j'ai entendu dire qu'il était vengé parce que sept Juifs avaient été assassinés. »

« Qui a dit ça ? demande le président.

— Touvier, répond l'ancienne secrétaire... », qui ajoute au tourment de l'accusé en précisant qu'elle a été témoin de sévices infligés à un prisonnier interrogé par Touvier, et en confirmant la présence de la « gégène » dans les locaux de l'impasse Catelin. Autant de faits jusqu'alors niés par l'accusé, mais que les déclarations du témoin viennent de rendre incontestables.

Cette journée du 30 mars n'a d'ailleurs pas fini d'être éprouvante pour la défense. Gilberte Duc vient discrètement de quitter la barre. Une autre femme arrive pour témoigner.

Petite, vive et sereine, Angèle Jeanblanc, soixante-quinze ans, en avait vingt-cinq quand elle fut arrêtée par la Milice et détenue impasse Catelin avec son mari résistant. Ils sont catholiques pratiquants. Touvier prétend les avoir fait libérer. « C'est un mensonge épouvantable », affirme le témoin avant de dénoncer les pressions insistantes exercées plus tard par Mgr Duquaire, jusque sur le lit d'hôpital de son mari, pour tenter d'obtenir une attestation favorable à Touvier.

Interrogée par le président Boulard sur d'éventuelles tortures dont elle aurait été témoin, Angèle Jeanblanc raconte « ce jeune officier fringant » devenu « loque humaine ».

Confondu, Touvier en est réduit à une nouvelle provocation, sur le ton doucereux qu'on lui connaît désormais : « Vous savez, les prisonnières rêvent toujours un peu... »

Les déclarations d'Angèle Jeanblanc seront cependant en tous points confirmées à la cour, au terme de cette journée du 30 mars, par son mari Henri, capitaine Navarre dans la Résistance, chef de l'Armée secrète de Saint-Étienne, arrêté avec sa femme au début de juillet 1944. Il ajoutera au sujet de l'accusé : « Il était d'un antisémitisme violent. » Quelqu'un en doutait-il encore ?

Le premier témoignage reçu par la cour le 31 mars laissera un sentiment beaucoup plus nuancé que ceux de la veille.

Ancien chauffeur de Paul Touvier, Jean-Lucien Feuz, soixante-quatorze ans, se présente comme un ancien résistant infiltré dans la Milice. La sympathie évidente qu'il a portée et continue semble-t-il de porter, à l'accusé laisse cependant pantois jusqu'à l'avocat général lui-même, qui ne peut s'empêcher de faire connaître son trouble, en qualifiant de « curieux et équivoque » l'engagement du témoin, avant de s'étonner que Paul Touvier ait pu être ainsi dupe de son activité d'agent double.

« Je suis un résistant devenu milicien et non l'inverse », insiste pourtant le témoin, sans néanmoins convaincre, même s'il est vrai qu'il a quitté l'uniforme milicien pour rejoindre le maquis avant la Libération. Il n'empêche. Si leur authenticité est plus que probable, il pèse sur les accusations que Jean-Lucien Feuz porte à l'encontre de Paul Touvier comme un désagréable sentiment d'autojustification.

On retiendra cependant de ce témoignage l'expédition menée par Touvier et ses hommes contre une malheureuse famille juive, dont l'épouse sera violentée et les biens « raflés », ainsi que ces propos que l'ancien chauffeur affirme avoir entendus dans la bouche de son patron de l'époque : « Il faut intensifier la lutte contre les Juifs », ou encore, au sujet de l'assassinat de Victor Basch et de son épouse : « On les a abattus ces sales Juifs. »

Malgré ce témoignage, l'assassinat des époux Basch ne sera pas retenu comme chef d'inculpation à l'encontre de Paul Touvier, faute de preuves suffisantes. Jean-Lucien Feuz n'est effectivement pas Henri Jeanblanc.

La sérénité reviendra cependant dans le prétoire avec la déposition de François Robin, authentique résistant, médaillé de la Résistance. Âgé de quatre-vingt-quatre ans, le témoin raconte son arrestation, sa détention dans les locaux de la Milice de l'impasse Catelin, les tortures qu'il a subies. François Robin attendait manifestement le moment de cette confrontation avec son tortionnaire depuis bien longtemps. Fixant l'accusé, il ne peut s'empêcher d'avouer être heureux de « ne pas avoir crevé avant lui. » Éprouvé, le témoin finira cependant par perdre le fil de ses déclarations, ce que Jacques Trémolet de Villers tentera en vain d'exploiter.

Dernier témoin du jour, Pierre Lesage est un ancien membre de l'état-major des Francs-tireurs et partisans, arrêté par les hommes de Touvier. Bien qu'il soit âgé de soixante-dix-sept ans, sa mémoire est fidèle, sa voix assurée, et son propos accusateur. Il se souvient parfaitement d'avoir vu Touvier s'entretenir avec Klaus Barbie, lequel venait dans les locaux de la Milice prendre des prisonniers.

Il est tout aussi affirmatif sur les tortures infligées par les hommes de Touvier. Tout au plus concède-t-il que, pour ce qui le concerne, Paul Touvier l'a interrogé « courtoisement... pour tenter de le convaincre de collaborer avec les Allemands ».

La journée du 1er avril s'ouvre avec l'audition de Pierre Arpaillange, cité par la défense.

Il est suivi par l'ex-commissaire Jacques Delarue, cité par l'accusation[5], puis par deux nouveaux témoins de la défense, Jean Epstein-Langevin et Raymond Geouffre de la Pradelle, l'ancien avocat de Paul Touvier[6].

Les hasards du calendrier éviteront à l'accusé d'avoir à comparaître le jour de son soixante-dix-neuvième anniversaire : le 3 avril est en effet un dimanche. L'audience ne reprendra donc que le mardi 5 avril, après le lundi de Pâques, et sera consacrée à l'audition des témoins de la défense — à une exception près, et non des moindres, puisqu'il s'agit de Pierre Messmer.

Ancien ministre des Armées du général de Gaulle, ancien Premier ministre du président Pompidou, mais surtout grand résistant, Pierre Messmer a tenu à venir apporter son témoignage à ce premier procès de crime contre l'humanité concernant un Français, qui avait durant la Seconde Guerre mondiale choisi un autre camp que le sien. Il le fera posément, avec une grande dignité.

Le deuxième témoin du jour sera assurément moins brillant mais beaucoup plus pittoresque. Ancien marin, se prétendant écrivain et historien, Pierre Bail est un « inconditionnel » de Paul Touvier, qu'il a aidé ainsi que sa famille durant sa cavale. Pour lui, tout ce qui est reproché à l'accusé est faux... mais il n'a été témoin de rien et ne connaissait pas Paul Touvier à l'époque des faits. Ce ne sont au demeurant pas les faits qui l'intéressent, puisque ses propos concernent la guerre d'Algérie ou la guerre d'Indochine, et même la disparition accidentelle de dix matelots du sous-marin *Émeraude*, survenue au large de la rade de Toulon la semaine précédente, ce qui sera pour lui l'occasion de tirer un parallèle du plus mauvais goût entre ces victimes et celles du procès. La défense a décidément fort mal choisi ses témoins...

Qu'allait donc réserver la déposition du suivant, l'ancien confesseur de Paul Touvier, le père Ducret ? Tout pouvait être attendu de la part de ce dominicain, cité par la défense, auquel la cour a refusé la dispense de témoigner qu'il avait sollicitée. Le début de sa déposition est banal, même si on peut le croire sincère : émotion devant les victimes et utilité du procès. La suite l'est beaucoup moins : après avoir affirmé que si c'était à refaire il ne témoignerait plus en faveur de la grâce de Paul Touvier, le père Ducret tente de persuader la cour de la sincérité de l'accusé et de la pureté de son repentir. Pour l'homme d'Église, Paul Touvier n'est pas un criminel, mais il « n'a pas eu le courage de s'opposer à ses chefs ». Le témoin n'a pas entendu Gilberte Duc venir déclarer à cette même barre quelques jours plus tôt que le chef c'était lui.

Le dérapage du père Ducret se produit sur la question de l'antisémitisme de Paul Touvier, qui lui est posée par le président Boulard. Le témoin reconnaît certes chez l'accusé une « certaine sensibilité antisémite », mais il ajoute, comme pour atténuer son propos : « Des mots lui échappent. Des mots qui amusent. » Le dominicain a-t-il réalisé l'incongruité de pareils propos, surtout dans la bouche d'un ecclésiastique ? Interrogé par le président, il tente de se démarquer : ces paroles antisémites ne l'amusaient pas, lui. D'ailleurs, chez Touvier, il n'y avait pas que les mots, « il se laissait aussi aller à des réflexes antisémites ». Le mot est lâché. Le père Ducret a beau tenter de revenir une nouvelle fois en arrière en affirmant qu'il n'y avait chez Touvier aucune « logique antisémite » dans l'affaire de Rillieux, il est trop tard.

Une nouvelle preuve, superfétatoire il est vrai, de l'antisémitisme virulent de l'accusé vient d'être apportée par l'un de ses témoins les plus proches. Assailli par la lecture de nombreux passages de la prose fielleuse de son protégé, issus de son cahier vert, le père Ducret quittera « la scène » en faisant part de son « grand désarroi ». On le comprend. Ce désarroi n'est sans doute rien à côté de celui de la défense, qui voit la déposition de chacun de ses propres témoins se retourner contre elle.

Paul Touvier trouvera-t-il au moins quelque répit, en cette fin d'audience du 5 avril, avec les témoignages de ses deux sœurs, Marguerite Gaillard et Jeanne Lormeau ? Toutes deux plus jeunes que lui, respectivement âgées de soixante-seize et soixante-dix ans, elles sont, comme lui, entrées dans la Milice, dont elles ont gardé le meilleur souvenir.

Elles ont également conservé une même « vénération pour le Maréchal » et ne sont pas loin de parler d'« invasion » pour évoquer le débarquement de Normandie. L'accusé et son défenseur ne peuvent qu'être sous le charme. Mais ils sont les seuls.

Ce ne sont pas Pierre Tilloy et Jean-Marie Paupert, les deux derniers témoins qu'ils ont convoqués pour cette audience décidément bien chargée, qui les tireront d'affaire ; il n'y a rien à retenir de leurs dépositions.

Le 6 avril 1994, l'audience s'ouvre avec la déposition de Louis Goudard. Son témoignage est capital. Sans lui, il n'y aurait peut-être pas eu d'affaire Touvier. La rumeur prétend au demeurant qu'il aurait été menacé, et qu'il bénéficierait, comme dans les feuilletons américains, d'une protection rapprochée des services de police, pour s'assurer de son témoignage. L'homme, en tout cas, n'est pas de ceux que l'on intimide. Il est là et bien là. Il témoignera et ne s'en laissera pas conter, malgré les tentatives déstabilisatrices et parfois révoltantes de la défense[7].

Le témoin suivant est également essentiel à l'accusation : il s'agit de Maurice Abélard. Cet ancien résistant a passé la nuit du 28 au 29 juin 1944 dans la même cellule que les victimes de Rillieux. Il savait que ce serait leur dernière nuit, mais il ne savait pas que lui serait épargné. Le témoignage de Maurice Abélard permet de confirmer de nombreux points, et notamment les liens qui existaient entre la Milice et la Gestapo : c'est en effet dans les geôles de l'impasse Catelin qu'il a été interrogé par Klaus Barbie. Le témoin apporte par ailleurs des précisions sur les conditions dans lesquelles s'est déroulée cette dernière nuit des victimes. L'émotion est à son comble lorsque Gérard Benzimra lui demande si son frère a été torturé avant d'être exécuté ; la réponse est négative. Gérard Benzimra se rassied, comme rassuré. Il sait en effet que le plus dur reste pour lui à venir avec le témoignage suivant : celui d'Édouard Lew, l'ami de son frère Claude, qui a été arrêté avec lui, mais qui a réussi à recouvrer la liberté et à sauver sa vie.

Sa déposition sera certainement l'une des plus émouvantes du procès[8].

On ne sait que penser d'Édmond Fayolle, dont la déposition clôture l'audience du 6 avril. Cet ancien milicien, surnommé « la Puce » en raison de sa petite taille, n'a de cesse de se diminuer davantage encore pour se démarquer totalement de l'accusé, dont il était l'un des subordonnés. Il prévient : « Je n'étais qu'un simple milicien... Le chef Paul ne s'adressait jamais à moi. » Il faut dire que ce milicien de base a lui-même été jugé à la Libération et condamné à la réclusion criminelle à perpétuité, avant d'être gracié après douze années de détention. On comprend dès lors l'acharnement qu'il met à se dédouaner de tout : c'est avant tout pour lui qu'il témoigne, sans oublier au passage d'« égratigner » son ancien patron.

7 avril 1994. Cette audience, qui devait être tout entière

consacrée aux derniers témoins de la défense, s'ouvre avec la déposition d'un témoin d'intérêt général cité à la requête des parties civiles : Joseph Sitruk, grand rabbin de France. Entendu en sa qualité de chef spirituel de la communauté juive de France, directement concernée par le procès, le grand rabbin commence son propos en disant « l'admiration et l'hommage rendu par la communauté juive à la France pour avoir eu le courage de tenir ce procès. Reconnaître une erreur est certainement la plus grande preuve de courage moral qui soit », ajoute-t-il. La voix et les mots du témoin sont forts. Le silence tombe sur la salle d'audience, comme traversée par une onde de solennité. Il en sera ainsi pendant les quinze minutes d'un propos très dense, charpenté par le souci de situer les enjeux moraux du procès.

Après l'hommage à la France, Joseph Sitruk tient à rendre hommage à l'Église, « cette Église qui lève la tête et qui a rompu avec une attitude passée en générant un nouveau regard des chrétiens sur le peuple juif », ajoutant : « S'agissant des heures sombres évoquées ici, nous savons que cette Église ne se reconnaît pas dans les dévoiements incriminés. »

En chef spirituel responsable, le grand rabbin prend soin de rappeler la présence de la communauté juive en France depuis l'époque gallo-romaine, pour mieux expliquer le séisme qu'a provoqué chez les Juifs de France la promulgation par Vichy des deux statuts discriminatoires successifs qui leur ont été imposés.

La parole est ensuite donnée aux huit ultimes témoins de la défense. La qualité des hommes et des déclarations qui se succèdent alors est inégale. Il n'existe chez eux qu'un point commun : tous finiront par desservir, bien malgré eux il est vrai, celui qu'ils étaient venus aider, pour certains avec la plus parfaite bonne foi, comme Pierre Comte et Bernard Rozier[9].

Le témoignage de Jean-Baptiste Biaggi, avocat honoraire, prend toute sa dimension dans son propos liminaire. « Je n'ai jamais été antisémite et suis plutôt philosémite. J'ai été collaborateur d'un Juif, Henri Torres, et ai moi-même pris un collaborateur juif. J'ai de la sympathie pour le peuple d'Israël, et aucune pour Arafat... » Après pareilles précautions, on pouvait aisément deviner ce qui devait suivre : le sacro-saint numéro sur la réconciliation nationale.

Tel est d'ailleurs également le thème de la déposition de Geneviève Carre, veuve Poullot, dont l'intérêt n'a pas été appréhendé.

Le pire était cependant à venir avec l'indécente et outrageante prestation d'Henri Minvielle, que le journal *le Monde* qualifiera à juste titre de « télévangéliste de pacotille » et de « provocateur illuminé ». On était loin en tout cas de la solennité du début d'audience avec ce témoin, qui n'a fait que ridiculiser l'institution judiciaire et souiller la mémoire des victimes en se livrant à un véritable numéro de cirque.

Pour clore la séance, la déposition en soutane de l'abbé Montarien ne fera qu'ajouter au sentiment de malaise.

Après l'audition de l'ensemble des témoins, il restait à la cour à donner une dernière fois la parole aux parties civiles. C'est ce qui fut fait le 8 avril.

Georges et Henri Glaeser, René Zeizig et Gérard Benzimra évoqueront avec émotion la mémoire de leurs pères et frère. Certains présidents d'associations parties civiles, comme Jean-Pierre Bloch pour la LICRA, Madeleine Reberioux pour la Ligue des droits de l'homme ou André Laroche pour les Muadir[10], viendront évoquer leur expérience personnelle et le rôle de leur association. Tous ceux qui y ont été invités ou qui l'ont souhaité ayant ainsi été entendus, les débats pourront être clos. Le 11 avril commencera la semaine consacrée aux plaidoiries des parties civiles.

1. Voir p. 49.
2. Voir p. 95.
3. Voir p. 175.
4. Voir p. 101.
5. Voir p. 143.
6. Voir p. 179.
7. Voir p. 121.
8. Voir p. 118.
9. Voir p. 178.
10. MUADIR : Mouvement d'union et d'action des déportés et internés de la résistance.

LA PAROLE

I

Le temps n'efface pas le scandale du crime

Lundi 11 avril 1994, dix-huitième audience du procès de Paul Touvier. Le décor désormais familier de la salle d'audience a légèrement changé. Un pupitre a été installé face à la cour ; il est destiné aux vingt-six avocats de la partie civile[1], qui à partir de ce jour et pendant une semaine vont se succéder pour plaider.

Mais il est des moments où le nombre ne fait pas toujours la force et où l'isolement est un atout. Déjà, lors du procès de Klaus Barbie, l'abondance des plaidoiries avait eu un effet paradoxal en atténuant l'émotion née au fil du débat contradictoire. L'absence de stratégie commune, la tentation chez certains de confondre mission et promotion, l'inégalité des talents firent regretter que le camp des victimes soit représenté par une équipe aussi lourde et disparate, face à un Jacques Vergès jouissant de sa hautaine solitude.

Cet écueil, pourtant depuis longtemps repéré, les parties civiles au procès Touvier n'ont pas su totalement l'éviter. Mais pouvait-il en être autrement, dans la mesure où chaque victime et chaque association entend faire passer un message spécifique ? Au nom de quoi exiger le silence de ceux qui ont souffert et de ceux qui se sont battus, qu'ils soient des proches des fusillés de Rillieux, des représentants des associations juives ou de celles issues de la Résistance ?

Mais si chacun se devait de faire entendre sa voix, encore aurait-il été souhaitable d'éviter des discordances. Cela n'a pas été possible non plus, Arno Klarsfeld ayant manifesté, dès avant l'ouverture du procès, sa volonté de se différencier de ses confrères.

Nous avons choisi ici de rapporter une partie de sa plaidoirie en raison des positions qu'elle défendait. Sans contestation possible, elle fut l'un des moments forts du procès. Comme il nous paraissait impossible de reproduire également les propos de tous ceux qui l'ont précédé ou suivi, nous avons décidé de n'évoquer que les plaidoiries de Michel Zaoui et de Pierre Cohendy. Ce choix est bien sûr arbitraire. Il repose toutefois sur deux critères : l'intérêt de leurs propos et la représentativité de ces deux avocats. Le premier, à travers ses mandants, représentait la communauté juive, et le second le monde résistant. Il nous est également apparu nécessaire d'évoquer la plaidoirie de Me Joë Nordmann en raison de l'importance qui a été la sienne dans ce procès.

Dérangeant, Arno Klarsfeld. Avec son visage de jeune premier, sa dégaine de potache et ses bottes de cow-boy, il a très tôt ravi la vedette en marchant sans complexe, au propre et au figuré, sur les pieds de ses aînés, aussi prestigieux soient-ils.

Le premier jour, il expédie Henri Leclerc sur le banc du fond en lui soufflant sa place au premier rang. Le lendemain et les jours suivants, il prend plusieurs fois la parole sans y être invité par un président qu'il interrompt d'ailleurs souvent, le laissant d'abord estomaqué, puis fulminant.

À plusieurs reprises on frôlera l'incident grave, le jeune

avocat se voyant réduit d'autorité au silence avant d'être contraint à des excuses publiques. Si Henri Boulard consent enfin à le laisser parler, Arno Klarsfeld alors se répand. Sans chercher à corriger son débit heurté — sa connaissance du dossier lui suffit —, il inflige d'interminables lectures à l'auditoire, au risque de se perdre lui-même dans ses propres arguments ou dans les subtilités d'une procédure pénale qu'il connaît mal, lui qui s'est spécialisé dans le droit des affaires et qui exerce la plupart du temps aux États-Unis.

Entier, il sera le seul à refuser sa main à son confrère Trémolet de Villers. « Je ne salue pas un homme qui, à travers ses écrits, a injurié ma mère », explique-t-il. Âpre à sa cause, il n'hésitera pas à malmener en pleine audience le commissaire Jacques Delarue, même si celui-ci a rédigé, en 1970, un rapport très défavorable à Touvier qui demandait alors la grâce présidentielle. Pour Arno Klarsfeld, le policier s'est mué en adversaire en produisant devant la cour une pièce qui bat en brèche sa théorie, à savoir un procès-verbal d'audition de Joseph Darnand dans lequel l'ancien chef de la Milice avoue, peu avant sa mort, avoir désigné sur ordre des Allemands quarante otages pour venger la mort de Philippe Henriot.

« Vous avez changé d'avis, explose Klarsfeld dès la production de ce document. Votre rapport ne mentionnait pas d'ordre allemand. »

Le policier devenu historien se crispe, mais répond qu'à l'époque il ne possédait pas les éléments attestant ce fait. L'argument ne convainc pas un Arno Klarsfeld hors de lui, qui d'avocat devient accusateur : « N'avez-vous pas participé à l'arrestation de Juifs à Marseille en 1943 ? Auquel cas vous seriez soumis à un chantage qui vous amène aujourd'hui à modifier votre discours. » Le commissaire a beau le menacer d'une plainte en diffamation, précisant qu'à cette époque il était déjà dans la Résistance,

Ugo Iannucci a beau se lever pour fustiger cette « accusation scandaleuse », Arno Klarsfeld n'en démord pas, s'agite, marmonne, hausse les épaules quand ses confrères lui enjoignent de retrouver son calme.

Mais lorsque, dix-huitième avocat des parties civiles, il se lève enfin pour plaider, son propos va toutefois s'infléchir.

Certes, Arno Klarsfeld soutient toujours que le chef du Deuxième Service de la Milice de Lyon a procédé à l'exécution de Rillieux sans ordre des Allemands, même si cela fragilise l'accusation contre Paul Touvier en contredisant les arrêts de la Cour de cassation et de la chambre d'accusation de Versailles, qui lient une éventuelle culpabilité de l'accusé à sa complicité avec l'occupant. Ainsi, au début de son monologue il lance, fidèle à son image de provocateur : « Ceux qui aujourd'hui vous affirment solennellement à cette barre que Touvier a agi sur ordre allemand dans l'affaire de Rillieux soutenaient exactement le contraire voilà quelques mois. »

L'avocat se penche alors sur ses notes, où sont dûment recensées toutes les pièces du dossier dont il aura besoin pour asseoir sa démonstration. Il s'agit essentiellement de témoignages établissant l'absence d'exigences allemandes dans les représailles exercées par la Milice après la mort d'Henriot : « Des miliciens furent interrogés aussitôt après la guerre sur le massacre de Rillieux. Aucun n'a parlé d'exigences allemandes. » Il cite la déposition du milicien Fayolle : « Le chef Paul a commandé. » Celle de Gilberte Duc, secrétaire personnelle de Touvier : « S'il y avait eu ordre allemand je l'aurais su [...] après Rillieux j'ai entendu Touvier dire qu'Henriot était vengé. » Celle du milicien Reynaudon : « Je sais que Touvier et Reynaud ont dirigé et commandité cette exécution car ils s'en sont vantés à moi le jour même. »

Une autre pièce est brandie. Elle relate un repas donné

par Knab — le patron de la Gestapo lyonnaise — à quelques figures de la collaboration locale, le jour même de la mort d'Henriot. Or, si on parle beaucoup politique à cette table, il n'est jamais fait allusion à l'assassinat du propagandiste, ni à de quelconques représailles.

Maintenant, c'est un tract de la Milice qui est évoqué, lequel mentionne que tout attentat contre un de ses membres « entraînera l'exécution de quatre Juifs, quatre communistes, quatre gaullistes ».

Pour Arno Klarsfeld, Touvier, promu depuis peu inspecteur national de la Milice, n'avait pas plus besoin de l'ordre des Allemands pour fusiller des Juifs que les Allemands n'avaient besoin d'un Touvier pour exécuter leurs ordres : « Des victimes, la Gestapo en avait autant qu'elle voulait dans la baraque aux Juifs de Montluc. Elle l'a prouvé lors de ses adieux sanglants à Lyon. À Bron, à Saint-Genis-Laval[2], on comptait de nombreux Juifs parmi les victimes. Enfin, les Allemands se fichaient bien de la vie ou de la mort de Philippe Henriot. » Et le jeune avocat de poursuivre : « Ceux qui affirment que Touvier était un exécutant craignent simplement que les conditions de complicité avec une puissance de l'Axe ne soient pas remplies pour fonder le crime contre l'humanité. Ils veulent faire coller ce qu'ils savent être les faits avec ce qu'ils pensent être le droit. »

Après avoir, à demi-mot, brocardé ceux qui sont assis à ses côtés, voilà qu'Arno Klarsfeld désigne les véritables auteurs de ce qu'il pense être une mystification historico-judiciaire : les magistrats de la Cour de cassation d'abord et ceux de la cour d'appel de Versailles ensuite. Les seconds sont même accusés d'avoir « délibérément choisi de faire entrer Paul Touvier dans la cour d'assises par la porte de service » en « faisant plier la vérité pour la faire passer sous les fourches Caudines des arrêts incohérents de la Cour de cassation ».

La messe est dite ? Pas tout à fait. Puisque c'est à cet instant de sa plaidoirie qu'Arno Klarsfeld, qui jouait jusque-là les coureurs échappés, va se laisser rejoindre par le peloton des parties civiles. « Mais alors, s'il n'y a pas de complicité avec l'Allemagne, ce n'est plus un crime contre l'humanité, c'est un crime de guerre ? » reprend l'avocat qui poursuit : « Vous allez le faire acquitter, me dit-on. Changez de banc ! Changez de nom ! Appelez-vous Arno de Villers. »

En face, l'avocat de Touvier a redressé la tête. Visiblement la plaisanterie ne l'amuse pas.

Klarsfeld n'en a cure, il suit son idée : « En fait, Touvier a agi de sa propre initiative, dans le cadre d'une complicité générale avec l'Allemagne nazie. » Il s'explique : « Tous les miliciens étaient impliqués par le serment de Darnand à Hitler. Nos compatriotes voyaient en eux des Français hitlériens totalement alignés sur l'idéologie nazie. Un hitlérien français, voilà ce qu'était Touvier quand il fit massacrer sept Juifs à Rillieux-la-Pape. »

Le jeune dissident a donc, au terme de son exposé, rejoint ses confrères unanimes à partager la dernière idée développée. Alors, à quoi bon avoir joué les trublions en multipliant les déclarations provocatrices sur l'hypocrisie de l'accusation ?

L'origine de cette agitation est peut-être extérieure au procès. Elle peut en effet se trouver dans la volonté depuis longtemps affichée par le père du jeune avocat, Serge Klarsfeld, de faire prendre aux Français conscience d'une faute occultée : la politique antijuive de l'État français.

Resurgissant périodiquement à l'occasion de chaque dépôt de gerbe présidentielle sur la tombe du maréchal Pétain, « vainqueur de Verdun », une polémique larvée a longtemps opposé Serge Klarsfeld à François Mitterrand, l'avocat-chercheur reprochant au président de la République son soin à mettre entre parenthèses la période de

Vichy dans l'histoire de la France en se contentant d'en faire — selon la doctrine gaulliste — un État nul et non avenu, car contraire aux principes censés régir le pays depuis l'avènement de la IIIe République. Une attitude condamnée par Serge Klarsfeld en ce qu'elle entretient une amnésie et une bonne conscience commodes. Pour lui, la République se doit d'être comptable des faits et gestes de l'État français.

Reste qu'il faut être reconnaissant à Arno Klarsfeld. Après tout, n'a-t-il pas ramené le procès vers la vérité historique ? Tous, à Versailles, étaient conscients que la question portant sur l'existence ou non de pressions allemandes dans la genèse du drame de Rillieux était somme toute secondaire. L'essence du crime contre l'humanité n'est pas là. Sauf pour les magistrats de la Cour de cassation, bien sûr, pour qui les poursuites n'étaient envisageables qu'à la condition que soit établie la connivence entre Touvier et les Allemands. En rendant un tel arrêt, les juges n'ont pas simplement compliqué un peu plus la jurisprudence en la matière. Ils ont aussi perverti le procès en l'enfermant dans ce cadre trop étroit.

Rien de péremptoire chez Michel Zaoui. Grand, le teint mat, la tête ceinte d'une couronne de cheveux blancs, il parle d'une voix simple et tient des propos directs.

« Le temps n'efface pas le scandale du crime », avait déjà lancé avant lui le premier avocat à prendre la parole au nom des parties civiles, Me Joë Nordmann. Avec le recul de ses quatre-vingt-quatre ans, ce doyen du barreau — dont il fut rayé sous l'Occupation parce que juif — avait abordé le problème du temps écoulé entre les faits reprochés à Touvier et le moment de son procès : « Après cinquante ans de fuite, cet homme qui n'a passé que quelques mois en prison ne serait-il condamné que pour le principe car trop vieux ? L'âge mériterait-il indulgence et pitié ? La vieillesse serait-elle une circonstance atténuante ?

Nous avons tous regardé, au fronton des cathédrales, des représentations du Jugement dernier. Dans ces tympans, des vieillards ne figurent-ils pas parmi les damnés ? »

Cette méditation sur le temps, Michel Zaoui va la reprendre et la pousser plus avant : « Cinquante ans, cela doit changer un homme. C'est le temps d'une métamorphose. Reste que la lecture du cahier vert de Paul Touvier prouve la permanence de son antisémitisme, même si ce cahier n'est qu'un élément du dossier. » Ce qui lui fera ajouter : « Depuis cinquante années il est figé dans les eaux mortes de sa conscience. Votre cour devra le juger comme au premier jour car il n'a pas profité du temps, il n'a pas changé. »

Toujours à propos du temps, mais aussi sur la perception de l'histoire au fil des ans, l'avocat poursuit : « Mais ces cinquante années ne mènent pas à l'oubli. Au contraire, elles permettent d'accéder à la mémoire. Il a fallu attendre trente ans pour que l'étau se desserre, pour que l'on puisse parler, et vingt ans pour que cela se traduise en termes judiciaires. Il a donc fallu cinquante ans pour se dégager de la honte et de la douleur vécues par nos aînés. Cinquante ans pour briser un tabou et regarder Vichy en face, sans haine et sans crainte. C'est le temps nécessaire pour que soit exigée la vérité. »

L'avocat parle maintenant du crime contre l'humanité, en livrant à son tour une définition qui vaut bien celle de la Cour de cassation, si laborieusement construite au gré des circonstances : « Touvier n'est pas responsable de la Shoah. Je ne lui jetterai pas cet anathème. Il est responsable de la mort de sept Juifs. Mais ce n'est pas la violence du crime, aussi terrible soit-elle, pas plus que le nombre des victimes, aussi élevé soit-il, qui caractérise le crime contre l'humanité. La plus ancienne des lois humaines dit : "Tu ne tueras point." Les nazis ont rendu légal le meurtre et l'assassinat pour des raisons politiques, religieuses et raciales. C'est là que se trouve le crime contre l'humanité, qui trouve son expression dans l'industrialisation de l'extermination. »

Témoin au procès Barbie, André Frossard avait déclaré à la cour : « Le crime contre l'humanité c'est de décider qu'un être n'a pas droit à la vie sous le seul prétexte qu'il est né. » Que dit d'autre Michel Zaoui quand il lance, en direction d'un Jacques Trémolet de Villers toujours enclin à opposer les exactions staliniennes à celles des nazis : « Vous avez raison. En droit il n'existe pas une catégorie à part. Il y a autant d'humanité dans un Juif que dans un Polonais ou un Français. Mais là n'est pas le problème. Qui a fait des Juifs des victimes à part ? Qui les a mis hors du droit sinon les nazis et la Milice ? Y avait-il une guerre contre les Juifs ? Des territoires juifs à conquérir ? Non, il s'agissait d'un crime utilitaire. »

Touvier a-t-il obtempéré à un ordre allemand en procédant à l'exécution de Rillieux ? Là encore, Michel Zaoui livre son explication : « Vichy n'a jamais légalisé le meurtre des Juifs. J'ai la conviction que Vichy ce n'est pas le nazisme, mais aussi que Vichy n'est rien sans le nazisme. »

En revanche, une complicité évidente liait, pour l'avocat, les nazis et la Milice, les rapports entre les Allemands et Touvier en témoignent : « Leurs buts étaient les mêmes ; les Allemands voulaient une Europe pure et Touvier voulait une France pure. Pour cela, les Allemands avaient besoin de Touvier et Touvier des Allemands. »

Dès lors, pas besoin d'un ordre explicite...

L'avocat qui plaide en cette fin d'après-midi du 11 avril 1994 n'est en rien une vedette du barreau ; mais il a pour lui d'avoir connu l'époque, et une sincérité que les années n'ont pas entamée. Fils d'un bâtonnier de Lyon qui eut le douloureux privilège d'être inscrit par la Milice de Touvier sur une liste d'« hommes à abattre », Pierre Cohendy s'est engagé très tôt dans la Résistance en rejoignant les rangs des Forces unies de la jeunesse avant d'être pourchassé à son tour par la Milice.

Le « patriotisme » affiché de Touvier l'a passablement irrité : « Vous vous vouliez patriote ? Quel patriote vous faisiez, Paul Touvier ! Vous avez mêlé vos balles aux balles allemandes ! »

La colère de l'avocat s'efface, mais la voix se fait plus grave au moment où il tourne son visage de « père noble » vers l'accusé : « Comme beaucoup de mes compagnons de l'époque, je n'étais ni juif, ni franc-maçon, ni communiste au moment de m'engager dans la Résistance. Ce soir, face à vous, je voudrais vous dire, Paul Touvier, que je me sens un peu tout cela. »

Puis Pierre Cohendy revient à la cour : « Monsieur le Président, permettez-moi une pensée vers ce petit Juif inconnu qui a chanté avant d'être conduit devant le mur de Rillieux. Il allait mourir et il a chanté. Petit Juif inconnu, mon frère, au nom de tous ici, excepté Touvier, je te demande pardon. »

1. Liste des avocats des parties civiles dans l'ordre de leurs plaidoiries : Mes Nordmann, Iannucci, Welzer, Naudin, Cohendy, Giacobbi, Libmann, Lévy, Bloch, Bermann, Marciano, Bataille, Zelmati, Quentin, Cousté, Freitag, Portejoie, Klarsfeld, Jacob, Amblard, Mairat, Seban, Zaoui, Dumas, Jakubowicz, Leclerc.

2. Entre le débarquement en Normandie et les derniers jours d'août 1944, alors que l'armée américaine débarquée en Provence remontait la vallée du Rhône, les Allemands devaient accentuer leur répression sur Lyon. Les détenus de Montluc, la prison de la Gestapo, payaient un lourd tribut. À Bron et à Saint-Genis-Laval, dans les environs de la ville, plus de deux cents d'entre eux — résistants et Juifs — furent ainsi assassinés dans des conditions atroces.

Par ailleurs, le 11 août 1944, soit trois semaines avant la libération de la ville, un dernier convoi de déportés quittait Lyon en direction des camps nazis.

II

L'avocat général, général avocat

Les représentants du parquet général, qui requièrent dans les affaires d'assises au nom du peuple français, sont rarement des personnages médiatiques. Ils préfèrent généralement, aux feux de la rampe et aux micros de télévision, l'étude minutieuse des dossiers et le cadre feutré de l'audience. C'est sans doute pourquoi ils demeurent le plus souvent inconnus du grand public. Est-ce parce que le parquet est hiérarchisé, un et indivisible que ses membres finissent par devenir anonymes et impersonnels, quels que soient leur compétence et leur talent ? Force en tout cas est de constater que les avocats d'assises sont toujours beaucoup plus connus que leurs contradicteurs du parquet, et de reconnaître que cela n'a souvent rien à voir avec le talent.

Le procès Barbie a été en ce domaine l'exception qui confirme la règle. L'avocat qui a le plus marqué ce procès a en effet été l'avocat général, qui était en la circonstance procureur général en titre. Il avait pourtant affaire à forte partie, au moins sur le plan médiatique, aussi bien du côté de la partie civile que de celui de la défense. Les interviews, les « unes » des journaux télévisés et de la presse écrite, ainsi que les déclarations provocantes de Jacques Vergès, n'ont pas pesé lourd face à la discrétion, au calme et à la sérénité de Pierre Truche.

Pour ce premier procès de crime contre l'humanité qui s'ouvrait à Lyon le 11 mai 1987, le procureur général Truche n'avait laissé à aucun autre le soin de requérir contre Klaus Barbie. Ses nombreuses interventions au cours des débats, pour apporter la lumière sur les zones d'ombre du dossier ou pour expliquer des points historiques ou juridiques aux jurés, ont contribué à donner à ce procès toute sa dimension pédagogique.

Hubert de Touzalin sait bien évidemment tout cela, lorsqu'il accepte d'occuper le siège du parquet général dans l'affaire Touvier.

Il s'agit certes de la seconde affaire de crime contre l'humanité jugée en France. La voie a déjà été ouverte, mais cette affaire Touvier est autrement délicate que celle de Klaus Barbie. Les preuves des faits reprochés à l'accusé sont moins nombreuses et moins probantes. La qualification du crime contre l'humanité est *a priori* moins évidente. Il s'agit en effet de juger, pour la première fois, et peut-être la dernière, un Français pour crime contre l'humanité.

Hubert de Touzalin s'est en outre sûrement demandé s'il ne s'agissait pas également un peu de juger la France, et à tout le moins la France de Vichy. Il a cependant accepté cette lourde tâche, et cela est tout à son honneur. Tout sépare en effet Hubert de Touzalin et Pierre Truche.

Pierre Truche est un homme massif, au visage rond et aux yeux malicieux et rieurs : son imposante et longue chevelure blanche lui donne davantage l'air d'un artiste que d'un haut magistrat. Humaniste, Pierre Truche est un homme de gauche et n'en fait pas mystère : il n'est cependant pas sectaire, et chacun se plaît à reconnaître sa totale objectivité.

Hubert de Touzalin est un homme longiligne, au visage émacié et au regard austère. Sa calvitie sied parfaitement à sa fonction. Sa stature est celle du militaire qu'il a été : droite et rigide. Le parcours de ce haut magistrat est aussi atypique qu'intéressant.

Né le 8 novembre 1934 à Niort dans une vieille famille de la noblesse poitevine, il fait de brillantes études de droit avant de s'engager dans l'armée à l'âge de vingt-trois ans. À deux reprises, en 1958 et 1960, le jeune officier part volontairement en Algérie. Blessé, il est cité à l'ordre de sa division. « À l'époque, dit-il, il était inconcevable pour moi de ne pas être là où l'armée était en pleine activité et en danger. » L'Algérie française, « ce n'était pas mon problème. J'ai compris que le succès des armes n'était pas suffisant pour rallier les esprits et les cœurs ». Il restera dix ans sous les drapeaux, pour moitié dans l'infanterie, pour moitié détaché auprès de la justice militaire à Paris et à Landau en Allemagne.

Mais le jeune homme est impatient. Il vise les fonctions de contrôleur général des armées, inaccessibles avant plusieurs années et de dépit quitte l'uniforme pour rejoindre le Centre national d'études judiciaires. Non sans difficultés ; pour ouvrir les portes de l'école civile au jeune officier d'active, il faudra modifier le statut de la magistrature.

À sa sortie de l'école, où il est classé parmi les premiers, Hubert de Touzalin préfère le « terrain » à la chancellerie. Substitut à Saint-Étienne de 1970 à 1975, il fait ses premières armes à la cour d'assises de la Loire, avant d'être nommé procureur à Lisieux, où il succède à Henri Boulard.

Nommé à Troyes en 1980, il requiert avec fermeté en 1983 devant la cour d'assises de l'Aube dans la première affaire de légitime défense préméditée, dite du « transistor piégé », en demandant, sans succès, la condamnation d'un commerçant qui avait voulu se faire justice lui-même. Enfin, au début de 1987, il rejoint la cour d'assises de Versailles comme substitut général, avant d'être nommé avocat général en 1993.

Autant dire qu'avec un tel parcours les suppositions et autres suspicions vont bon train lorsque l'annonce est faite qu'il requerra au procès de Paul Touvier. Une certaine fébrilité s'empare même alors de quelques parties civiles qui s'interrogent à haute voix.

Après les « péripéties » déjà survenues dans ce dossier, et l'attitude pour le moins surprenante, pour ne pas dire partiale, des magistrats de la chambre d'accusation de la cour d'appel de Paris, qui ont libéré Paul Touvier avant de le faire bénéficier d'un non-lieu, est-il bien raisonnable de confier la charge de l'accusation à un magistrat issu de la noblesse et de l'armée, supposé « réactionnaire » ? Certains iront jusqu'à lui trouver des liens de parenté avec la famille Trémolet de Villers...

Les premiers contacts avec le personnage n'arrangent pas les choses : indépendamment de son physique froid et austère, l'homme apparaît sec et autoritaire, sous couvert toutefois d'une courtoisie et d'une politesse par ailleurs jamais démenties. Il n'empêche. C'est, à n'en pas douter, la confiance qu'il inspire à Me Trémolet de Villers et à son client — ils pensent peut-être qu'il est du même « monde » qu'eux — qui contribuera à convaincre Paul Touvier de se présenter à la cour d'assises, alors que sa mise en liberté aurait pu lui permettre une nouvelle cavale.

Hubert de Touzalin s'est assuré de la personne de l'accusé. Il est de ces hommes qui gagnent à être connus. Mais personne ne le connaît vraiment au rang de la partie civile quand s'ouvre le procès.

Il est donc « attendu au tournant » ; chacune de ses paroles, chacun de ses gestes est analysé, interprété. Tout le monde finira par être rassuré, après avoir été intrigué et parfois fasciné par le personnage. Tout en lui finit par être contradictoire. Une chose en tout cas est certaine : il n'est pas le réactionnaire que certains craignaient qu'il fût. Lorsqu'on le connaît mieux, on acquiert même la certitude que, s'il ne s'était pas suffisamment senti libre et indépendant, il aurait refusé la tâche.

Son parcours et sa personnalité sont différents, mais Hubert de Touzalin est animé par le même humanisme et le même sens de la justice que Pierre Truche. Beaucoup de ses interventions au cours du procès rappelleront celles de son « prédécesseur ». De mauvaises langues iront jusqu'à dire qu'il a tenté de l'imiter sans y parvenir. Même si elle est inévitable, cette comparaison n'a pas beaucoup de sens. Les situations ne sont jamais identiques dans deux procès d'assises, surtout deux procès de cette importance et de cette durée.

Les interventions de l'avocat général sont au surplus fonction de la manière dont les débats sont menés par le président de l'audience. Or les présidents Boulard et Cerdini — ce dernier présidait le procès Barbie — sont aussi différents que peuvent l'être les deux représentants du parquet.

Ce qui est sûr, en tout cas, c'est qu'Hubert de Touzalin a fait preuve, tout au long du procès, de la plus parfaite connaissance du dossier, d'une rigueur totale et d'un calme constant.

Attendant patiemment que le président lui donne la parole, même lorsque des questions lui brûlent les lèvres, son comportement, avant chacune de ses interventions, est immuablement le même, quasi militaire : il déploie lentement sa « longue carcasse », se fige et fixe longuement son « objectif » avant de commencer à parler. En fonction de la situation, cet objectif peut être les jurés ou les membres de la cour, Paul Touvier ou son avocat, un témoin ou une partie civile.

À chaque reprise le but est le même : comprendre ou

faire comprendre, questionner ou expliquer. Jamais, au cours des longues semaines de débats, personne n'a pu prendre Hubert de Touzalin en « flagrant délit » de réquisitoire avant l'heure. Pour ce haut magistrat rigoureux et didactique, chaque chose en son temps : celui des débats pour forger son opinion, celui du réquisitoire pour exprimer cette opinion, et alors, mais alors seulement, convaincre.

Rien dans son attitude au cours des débats, et jusqu'à l'heure de son réquisitoire, ne laissera transparaître la moindre certitude. Toujours d'humeur égale, il écoute, et prend à l'occasion quelques notes. Ses interventions sont mesurées : sans brio ou excès d'éloquence. Malgré sa robe rouge, son hermine et son impressionnante rangée de médailles, il ne connaît ni les effets de manches ni les effets d'audience.

Sa voix est forte et claire, son débit lent et intelligible : Hubert de Touzalin se met à la portée de tout le monde, il ne veut oublier personne. Il s'adresse au peuple français, représenté dans cette enceinte par les neuf jurés que le sort a désignés.

Ainsi, en ce 22 mars 1994, tient-il à expliquer calmement et simplement à ces jurés le fonctionnement du Sipo-SD, c'est-à-dire de la Gestapo de Lyon : cela est effectivement indispensable à la compréhension à ce moment précis des débats. Il ne laisse ce soin à nul autre : l'information des jurés revient au représentant du parquet. Il s'adresse donc à eux comme un maître à ses élèves, tentant de s'assurer qu'ils ont bien compris, faute de pouvoir le leur demander. Il n'hésite pas d'ailleurs à réitérer l'exercice le lendemain 23 mars au sujet du fonctionnement de la Milice lyonnaise, expliquant les différences existant entre la Milice française de Darnand (à laquelle appartient Touvier), le groupe Francis André[1], les miliciens attachés au SD (Gestapo) ou les miliciens auxiliaires.

Preuve, s'il en était besoin, de sa parfaite connaissance,

non seulement du dossier, mais également de la période et du contexte spécifique lyonnais, il prend soin de replacer chaque événement dans le temps et dans l'espace. Hubert de Touzalin dit d'ailleurs « s'être investi à fond » dans l'étude de cette affaire en se « cloîtrant » cinq mois dans son cabinet pour éplucher le dossier.

Il est vrai que rares sont les avocats au rang de la partie civile qui ont eu pareille possibilité : seuls Ugo Iannucci, Alain Lévy et son collaborateur Jean-Dominique Bloch, ainsi qu'Arno Klarsfeld, peuvent prétendre à une connaissance aussi exhaustive du dossier.

Comme Pierre Truche l'avait fait avec Klaus Barbie quand il était présent à l'audience[2], Hubert de Touzalin tentera à plusieurs reprises de s'adresser à Paul Touvier pour le faire parler ou lui permettre de s'expliquer.

Ainsi, au cours de l'audience du 24 mars 1994, insiste-t-il auprès de l'accusé pour qu'il explique les circonstances dans lesquelles il a été blessé par balle en 1946, jusqu'à ce que celui-ci avoue avoir été pourchassé par la police à la suite d'une tentative de hold-up.

Toujours au cours de cette même audience, il fait reconnaître à Paul Touvier qu'il ne s'est jamais marié civilement et qu'il n'a pas reconnu officiellement ses enfants.

Il n'arrivera en fait qu'une seule fois, en plus de cinq semaines, que l'avocat général se départe de son calme.

Le 22 mars 1994, interrogé sur les circonstances dans lesquelles il avait extorqué de l'argent à un dénommé Picon, qui avait eu le malheur de tomber entre ses mains, Paul Touvier tente de convaincre la cour que l'intéressé avait en fait consenti un don spontané à la Milice.

C'est plus qu'Hubert de Touzalin n'en peut entendre : élevant la voix pour la première fois, il stigmatise vivement l'attitude de l'accusé tout en rappelant, non sans malice, qu'il demeure libre de ses moyens de défense, ce qui a l'art d'indisposer Jacques Trémolet de Villers, suscitant ainsi un nouvel incident.

Le comportement de l'avocat général à l'égard des témoins est également à l'image du personnage : courtois mais sans concession. Jacques Delarue en fera quelque peu les frais lors de sa déposition du 1er avril 1994.

Évoquant le rapport que Jacques Delarue a rédigé en 1970, à la demande du procureur général près la Cour de sûreté de l'État, dans le cadre de l'instruction du dossier de grâce, et dont les conclusions sont accablantes pour Paul Touvier, Hubert de Touzalin dira sans ambages à l'ancien commissaire de police qu'il trouve surprenant et regrettable que ce rapport ait été établi sans que Paul Touvier et ses proches aient été entendus, au mépris du contradictoire. Ainsi, dans son esprit de loyauté et d'impartialité, le magistrat n'hésite-t-il pas à susciter le doute sur l'objectivité d'une pièce qui aurait pu servir à l'accusation.

L'audience du 7 avril 1994 est encore l'occasion de prendre la dimension de la personnalité d'Hubert de Touzalin.

Parmi les témoins entendus à cette date, à la requête de la défense, Henri Minvielle se livre à un exercice pour le moins haut en couleur. Les déclarations du témoin provoquent l'hilarité générale : des journalistes au public, des avocats aux membres de la cour et du jury, des gardiens de police aux greffiers, personne ne peut s'empêcher de rire, parfois jusqu'aux larmes. Certains, tel le président Boulard, le font de bon cœur. D'autres, prenant la mesure de la situation, qui confine en fait au dramatique, tentent de dissimuler leur hilarité ; c'est notamment le cas de Mme de Givry qui cache son visage entre ses mains. Rien n'y fait. Il est impossible de se retenir, même si ces rires sont à l'évidence nerveux.

Tout le monde rit. Une seule personne parvient à conserver son sérieux, imperturbable. Du haut de son fauteuil, plus grave que jamais, Hubert de Touzalin prend la mesure de la situation. Il comprend cette hilarité, et ne blâme pas ceux qui en sont victimes. Mais il est triste.

Comme tout le monde, il sait que ces rires n'ont pas leur place dans une enceinte de justice, au cours d'un procès pour crime contre l'humanité, en présence d'anciens résistants, de déportés et de familles de victimes.

Mais, contrairement à tous, Hubert de Touzalin, lui seul, sait s'abstenir de rire. Il attend que la scène passe, manifestant tout au plus à cette occasion un légitime signe d'impatience en faisant passer un mot au président, vraisemblablement pour le prier d'arrêter ce témoin délirant. Mais le président Boulard aussi est courtois, et il n'interrompt pas un témoin, même lorsqu'il délire.

Le jour d'Hubert de Touzalin est cependant, bien sûr, celui de son réquisitoire. Au cours des semaines écoulées, il a su rassurer les plus inquiets. Mais au moment où il prend la parole, en ce 18 avril 1994, personne ne sait quelles seront ses réquisitions.

La salle d'audience est comble quand il se lève lentement pour son réquisitoire. Avant de prononcer les premiers mots, et comme à son habitude, il fixe son « objectif », aujourd'hui Paul Touvier, qui ne le quittera pas des yeux.

La machine est lancée qui passera le dossier au crible, minutieusement, méticuleusement, plus de quatre heures durant. Sans emphase, sans excès, Hubert de Touzalin administre la preuve de sa tranquille détermination.

Il prévient au demeurant son auditoire : « Il m'apparaît nécessaire de vous indiquer dans quel état d'esprit je m'adresse à vous. Je le fais sans ambition personnelle, ni prétention. Je le ferai sans grandiloquence superflue, sans volonté de concurrencer les historiens ou de jouer ici les donneurs de leçons. Je le ferai enfin avec le souci de la vérité, dans la sérénité, guidé en cela uniquement par ma raison et ma conscience. »

L'introduction a pour objet de souligner la légitime utilité du procès, et de rendre hommage aux parties civiles, dans leurs différences et complémentarités.

S'étant interdit de le faire jusqu'alors, l'avocat général ne se prive pas, prenant la pleine mesure de l'indépendance que confère le réquisitoire, de s'étonner de la décision de mise en liberté dont a bénéficié l'accusé à l'issue de l'instruction. Ses mots sonnent comme un rappel à la loi ; ils n'en sont que plus forts. « La détention doit être l'exception et la liberté la règle : mais il est remarquable que dans cette affaire cette règle ait été aussi bien respectée... » Le ton est donné.

Après cette mise au point et différents rappels de principe, Hubert de Touzalin annonce son plan : chacun pourra ainsi suivre sa démonstration et s'y retrouver en cas d'égarement passager. Quatre parties et une conclusion : 1) Le contexte dans lequel Paul Touvier a agi ; 2) Les victimes ; 3) Le crime contre l'humanité ; 4) L'analyse des arguments de la défense. En conclusion, examen d'éventuelles circonstances atténuantes et réflexions sur la peine. À l'intérieur de chaque partie, autant de sous-parties que nécessaire : ainsi l'auditeur est prévenu. Il connaîtra à l'avance le titre et l'objet de chaque point de détail.

Hubert de Touzalin a préparé son réquisitoire comme un plan de bataille. Chaque phase est programmée. Chaque mot est pesé. L'avocat avance inexorablement vers son but. En terrain découvert comme en terrain miné, il tire à vue. On ne sait ce qui l'emporte de l'avocat ou du général. Toute sa démonstration consiste à refermer une à une les portes dans lesquelles il sait que la défense tentera après lui de s'engouffrer.

Le niveau de responsabilité de Paul Touvier, tout d'abord. « Ce n'était pas un grand de la collaboration », reconnaît l'avocat général, mais il jouissait au sein de la Milice d'une autorité grandissante et d'une totale autonomie. « Nous dirions aujourd'hui que c'est un décideur, affirme-t-il, avant d'ajouter : Il fut tout sauf un comparse. »

Et pour répondre aux dénégations de l'accusé, qui a tenté tout au long des débats de se démarquer de l'« enfer organisé » par les nazis, Hubert de Touzalin reprend un à un les nombreux témoignages, établissant les liens quotidiens que le chef de la Milice entretenait avec la Gestapo de Lyon et avec son homologue allemand, Klaus Barbie.

Il évoque à présent l'assassinat par la Résistance de Philippe Henriot, le 28 juin 1944 : « Cette disparition du secrétaire d'État à l'Information et à la Propagande de Vichy, figure emblématique de la collaboration, constitue pour les Allemands à la fois la perte d'un allié et un acte de désordre. Pour les miliciens c'est un choc violent qui provoque en eux un grand désespoir. »

C'est ce qui explique, poursuit l'avocat général, la folie qui s'empare d'eux, et notamment à Mâcon, où le chef départemental Clavier fait procéder en représailles, dès l'annonce de l'assassinat, à l'exécution de sept personnes soupçonnées d'avoir des liens avec la Résistance.

Clavier, indique Hubert de Touzalin, sera arrêté pour ces faits et emprisonné à Lyon. Or, poursuit-il, Paul Touvier, qui a commis les mêmes faits, demeurera impuni. Ne voulant laisser sur le dossier aucune zone d'ombre, l'avocat général s'est inquiété, au cours du week-end qui a précédé son réquisitoire, de savoir ce qu'était devenu le chef Clavier. Grâce au concours de la gendarmerie et des archives, il a pu apprendre qu'il avait été relâché très rapidement par Victor de Bourmont. À la Libération il a été condamné à mort et exécuté.

Hubert de Touzalin a estimé devoir soumettre cette indication, qu'il vient de se faire communiquer, à la méditation de la cour et des jurés ; sans autre commentaire... Il en profite néanmoins pour leur rappeler également le sort réservé aux miliciens proches de Paul Touvier : « De Bourmont : tué lors d'un combat aux côtés des Allemands sur le front russe. Reynaudon : condamné à mort et exécuté.

Fayolle : travaux forcés à perpétuité, libéré après douze ans. Lécussan : condamné à mort et exécuté. Gonnet : condamné à mort et exécuté. » Ces verdicts tombent comme autant de rappels de l'impunité dont a jusqu'alors bénéficié Paul Touvier.

Le propos de l'avocat général est désormais consacré aux victimes. Sa voix se fait plus grave, et son émotion évidente, lorsque, dans un silence total, il égrène le nom de chacun des sept hommes : Maurice Schluselmann, Émile Zeizig, Léo Glaeser, Claude Benzimra, Siegfried Prock, Louis Krzyzkowski, et le jeune inconnu qui attendait la mort en chantant le grand air de *Tosca*.

Il pose une nouvelle fois cette question qui est au centre des débats : « Pourquoi avoir choisi des victimes juives ? Philippe Henriot a été exécuté par des résistants, pas par des Juifs ; pourquoi cette dérive dans la réaction ? » L'avocat général propose deux réponses : la volonté allemande d'extermination des Juifs, tout d'abord ; la facilité, ensuite, en raison du recensement de tous les Juifs depuis le deuxième statut de juin 1941. La démonstration est claire : dénoncer le fait générateur, allemand, et la complicité, française.

Les arrestations et l'exécution des sept malheureuses victimes sont en tout cas le fait exclusif de la Milice française, « la Milice de Touvier », assène Hubert de Touzalin. Et pour ceux qui auraient encore le moindre doute, il ajoute : « Les Allemands, arrivés sur les lieux le matin, considèrent que cela ne les intéresse pas : les Juifs sont des sous-hommes. »

Le moment est à présent venu pour l'avocat général d'aborder la partie la plus délicate de son réquisitoire, celle qui concerne le crime contre l'humanité. Il ne sous-estime pas la difficulté de la tâche : « La définition de ce crime est complexe, très complexe », reconnaît-il, en ouvrant calmement ses chemises et sous-chemises consacrées à cette question.

En toute logique, il commence par justifier la rétroactivité de la loi réprimant le crime contre l'humanité : « Cette rétroactivité est certes exceptionnelle, mais la situation ne l'était pas moins lorsque, le 8 août 1945, l'accord constitutif du tribunal international de Nuremberg a posé la première pierre de cette réglementation. » Entièrement tourné en direction des jurés, il explique : « Il n'existait alors aucun texte, car ce qui s'est passé pendant la Deuxième Guerre mondiale était totalement imprévisible. Mais une telle horreur ne pouvait demeurer impunie. »

Après le rappel des textes et de la jurisprudence, Hubert de Touzalin énumère les éléments constitutifs de ce crime exceptionnel qu'est le crime contre l'humanité. Ce n'est plus un réquisitoire qui est prononcé, mais un cours magistral, complet, parfois aussi long et fastidieux.

La question que se posent à cet instant précis toutes les personnes présentes dans la salle d'audience est de savoir quelle position l'avocat général va adopter au sujet de l'ordre allemand. Chacun pense qu'il pourra difficilement se démarquer de la thèse officielle de l'arrêt de renvoi de la chambre d'accusation de la cour d'appel de Versailles, qui a retenu cet ordre venant de Knab, le chef du Sipo-SD de Lyon, suivant en cela les déclarations faites dans le passé par Touvier lui-même. Pourra-t-il cependant pour autant faire fi de la thèse développée quelques jours plus tôt par Arno Klarsfeld, excluant toute intervention allemande dans le drame de Rillieux ? Comment fera-t-il correspondre la réalité historique aux impératifs juridiques ?

Vraisemblablement soucieuse de ne prendre aucun risque, mais voulant peut-être aussi contenter tout le monde, la démonstration de l'avocat général est quelque peu alambiquée et à certains égards contradictoire. Il explique tout d'abord que la fusillade de Rillieux a bien été accomplie au bénéfice de l'Allemagne, pays de l'Axe appliquant une politique d'hégémonie idéologique dans le cadre d'un plan concerté. Paul Touvier a, selon lui, agi en relation avec ce plan concerté, dans la mesure où, en sa qualité de chef du renseignement de la Milice de Lyon, il ne pouvait ignorer la persécution systématique des Juifs. Ainsi les éléments constitutifs du crime contre l'humanité sont-ils réunis : « Le plan est nazi, la complicité française. »

Les explications d'Hubert de Touzalin sont cependant moins évidentes lorsqu'il aborde la question de l'ordre allemand. Après avoir dans un premier temps considéré que Touvier avait dit la vérité sur les exigences de Knab, il ajoute que celles-ci ne constituaient pas un « ordre au sens hiérarchique, militaire du terme », précisant, comme pour s'en persuader lui-même : « Werner Knab n'était pas, que je sache, le supérieur hiérarchique de Touvier... », ou encore : « Même s'il y avait eu ordre, ce que je ne crois pas, il ne serait pas justificatif d'une quelconque circonstance atténuante, puisqu'il aurait émané d'une autorité qui n'était pas légitime. »

Alors, *exit* cet ordre allemand ? Hubert de Touzalin a-t-il été convaincu par Arno Klarsfeld ? Les choses ne sont pas si simples. L'avocat général poursuit en effet : « Je suis convaincu qu'il n'y a pas eu d'ordre, mais une intervention allemande qui a pu être pressante. » Pas un ordre, mais une intervention pressante. Voilà toute la nuance.

L'exercice était effectivement bien délicat. Appelant la sémantique à la rescousse, l'avocat général a réussi un véritable tour de force : celui de ne rien occulter, sans pour autant répondre à la véritable question de fond, celle de l'autonomie de Vichy et de la Milice par rapport aux Allemands. Le procès reste ainsi celui de Paul Touvier, pas celui de la Milice, et encore moins celui de la collaboration.

Avec le sentiment du devoir accompli, Hubert de Touzalin peut donc à présent conclure ce chapitre en résumant sa pensée : Knab est l'instigateur de la tuerie, Touvier l'organisateur, les miliciens sous ses ordres les exécutants. Touvier est donc complice par aide et assistance ainsi que par ordre et instructions, pour avoir coordonné toutes les phases du drame, de l'arrestation au choix des victimes, de l'ordre de l'exécution à la surveillance du respect de cet ordre.

En parfait militaire, il ne reste plus à l'avocat général qu'à neutraliser les armes de l'adversaire. Le moyen qui consiste de la part de l'accusé à prétendre qu'en faisant exécuter sept Juifs il en avait sauvé trente a le don de l'irriter. Élevant le ton, il s'adresse directement à Paul Touvier : « Qui a été sauvé par vous ? Nous n'avons jamais retrouvé personne. Vos prétendues libérations de détenus à la Milice ? Elles sont à la fois tardives, équivoques et peu nombreuses. Quant à la prétendue légitime défense que vous invoquez en prétendant volontiers que vous avez fait fusiller sept personnes pour éviter d'avoir à en fusiller trente, cela relève du sophisme d'induction. La légitime défense ne consiste pas à agir contre les victimes mais contre les agresseurs. »

Après avoir souligné le caractère « inacceptable, odieux et insupportable du raisonnement », l'avocat général conclut, péremptoire : « Touvier ment, un point c'est tout. »

Au moment où il parvient au terme de son propos, le doute est désormais levé sur les réquisitions d'Hubert de Touzalin. Il vient d'expliquer que l'accusé ne peut bénéficier d'aucune circonstance atténuante[3].

Il lui reste à conclure. Il s'adresse une dernière fois à Paul Touvier pour lui rappeler le point 21 du serment de la Milice qu'il a prêté en 1943, et qu'il aura désormais le loisir de méditer : « Contre l'oubli des crimes pour le châtiment des coupables. » Il s'adresse à présent à la cour : « La mémoire des victimes innocentes me paraît encore imposer actuellement un verdict de grande sévérité. Ce verdict doit être aussi un verdict de principe. Car la justice, pour être équitable et crédible, doit être permanente avec la sévérité qui convient. Je requiers en conséquence qu'il plaise à la cour de bien vouloir prononcer la peine de la réclusion criminelle à perpétuité. »

Paul Touvier n'a pas bougé. Jacques Trémolet de Villers, imperceptiblement, s'est tassé dans son fauteuil. Demain, la parole lui sera donnée pour sa plaidoirie.

1. Francis André, appelé « Gueule tordue » en raison d'une déformation du visage, a terrorisé la ville de Lyon durant l'Occupation à la tête d'un groupe d'activistes de la collaboration particulièrement violents.

2. Klaus Barbie a refusé de se présenter aux audiences de son procès : la cour l'y a contraint en certaines circonstances, notamment pour les confrontations qui sont apparues nécessaires avec ses victimes.

3. Depuis la loi du 1er mars 1994, la question des circonstances atténuantes n'est plus évoquée à la cour.

III

L'avocat militant

Jacques Trémolet de Villers est déjà debout. Dans quelques minutes il va arpenter le prétoire de long en large, laissant libre cours à son verbe et ponctuant chacun de ses propos d'autant de gestes. Il va lever les mains, les joindre, battre l'air de ses bras. Il s'apprête à tenir la scène, toute la scène. Enfin il parle librement sans craindre d'être contredit par ses adversaires.

Il est un peu plus de 14 heures, ce 19 avril 1994, l'avocat de Paul Touvier commence à plaider.

Tout avait été dit à propos de cette plaidoirie, et notamment que, à l'instar de celle de Jacques Vergès au procès de Klaus Barbie, elle durerait plus d'une journée d'audience. Il n'en sera rien. Au lendemain du réquisitoire, l'avocat a vraisemblablement décidé de réduire son propos, et de jouer son va-tout en un minimum de temps. Il ne parlera pas plus de quatre heures et demie, sans notes. Il est vrai qu'il connaît admirablement bien sa partition, pour l'avoir jouée à plusieurs reprises devant deux chambres d'accusation et la chambre criminelle de la Cour de cassation.

Auparavant, Françoise Besson, qui s'était tenue silencieusement à ses côtés tout au long du procès, a également plaidé, quinze minutes environ. Soit quelques mots, essentiellement destinés à tenter de redresser l'image de Paul Touvier. Pour ce faire, Me Besson évoquera longuement les enfants de l'accusé, Chantal et Pierre Berthet, qualifiés de « rares exemples de piété filiale » : « On leur a reproché de ne pas avoir vécu leur vie. Eux, c'est la famille qu'ils ont choisie. Au nom de quelles valeurs fait-on d'une famille une secte ? »

Au moment d'achever son propos, Me Besson livrera un souvenir personnel : la visite que Paul Touvier lui a rendue à la maternité alors qu'elle venait d'accoucher d'un enfant trisomique. Penché au-dessus du berceau, l'accusé, flanqué des siens, aurait montré tous les signes de l'attendrissement. Sous-entendu : comment confondre Touvier avec ces barbares impies de nazis qui choisissaient, eux, de pratiquer l'euthanasie sur de tels enfants.

Rendre de l'humanité à Paul Touvier, c'est aussi l'une des tâches que s'est assignées Jacques Trémolet de Villers : « Je vais parler et j'entends encore ces témoignages en mémoire des victimes, cette émotion dans le souvenir et la ferveur. Mais, à ce moment, l'humanité doit encore rester dans le prétoire, pour l'accusé. »

Jacques Trémolet de Villers s'écarte de son siège pour s'adresser aux jurés : « Vous êtes la France. Vous allez rendre un verdict historique et on va voir que douze juges vont dire le droit et la vérité qui vont l'emporter sur la pression médiatique et la présomption de culpabilité. » « C'est cela mon procès, martèle l'avocat qui poursuit : et ce n'est que cela. À la question qui vous sera posée sur la culpabilité vous répondrez non, non, non ! Il n'y a qu'une chose à juger. Pas un symbole, pas l'histoire, pas la France, pas Vichy, il y a Paul Touvier à juger ! Cinquante ans sont passés. Cinquante ans, ça ne s'efface pas d'un trait de plume. L'épaisseur du temps est présente. Vous ne pouvez pas en faire abstraction. »

Emporté par son raisonnement, le défenseur a débuté sa course d'un côté à l'autre du prétoire : « Je n'ai pas voulu ce procès. De toutes mes forces je m'y suis opposé. Un moment, j'ai cru avoir gagné quand la cour d'appel de Paris a rendu son non-lieu. Mais non. Existe-t-il dans les annales judiciaires de la France un tel précédent : un prévenu comparaissant devant une cour d'assises après avoir obtenu un non-lieu dans de telles conditions ? » Plus tard, mais dans le même registre, il reviendra sur la grâce octroyée à Touvier par Georges Pompidou : « Vous ne pouvez pas faire abstraction de cette grâce, en équité vous ne le pouvez pas ! Ou alors on ne peut plus faire confiance en rien. La grâce c'est le sommet de l'ordre judiciaire. Vingt-trois ans après, ce serait une injustice suprême qu'il soit condamné par une cour d'assises. »

Rendre un peu d'humanité à Paul Touvier, Jacques Trémolet de Villers y tient : « Si Touvier est là c'est qu'il a répondu à l'invitation qui lui a été faite de se présenter. Il a comparu volontairement. » Plus tard encore, l'avocat parlera, pour le combattre, du rapport des historiens de la commission Rémond. Il ne leur pardonne pas le portrait qu'ils ont tracé de Touvier, pourtant conforme à l'homme tel qu'il est apparu à son procès. « Je ne dis pas saint Paul Touvier. Mais il est normal, profond, sensible, très préoccupé de sa conscience, par le péché, les remords. Dix-huit mois de sa vie ont commandé tout ce qui a suivi. Il a vécu un drame et ne s'en est pas remis », affirme l'avocat qui, un moment auparavant, s'était pris à rêver : « Il y a des pays raisonnables où on acquitte les criminels contre l'humanité, il aurait pu s'y réfugier. »

Mais Jacques Trémolet de Villers nourrit-il encore de l'espoir ? La piètre prestation de son client au cours de ces cinq semaines écoulées n'a-t-elle pas profondément déçu un avocat réduit à voir en lui un de ses pires adversaires ? Ses dénégations, ses trous de mémoire sélectifs ne pouvaient que desservir Touvier. Comment prendre au sérieux les arguments de l'accusé quand celui-ci affirme n'avoir jamais eu connaissance de la politique antisémite de Vichy ? Une défense qui ne fera guère illusion et qui sera finalement pulvérisée lors de la découverte, dans les scellés, du fameux cahier vert.

À chaque gaffe ou dérobade de Touvier, Jacques Trémolet de Villers n'a-t-il pas envié la solitude de Vergès ? Le défenseur de Barbie avait eu l'avantage de se battre avec, dans son dos, un fauteuil vide. Même si l'avocat dut alors tout assumer, c'était sans le risque d'être contredit ou trahi par une bêtise de son client.

Enfin, Me Trémolet de Villers n'a-t-il pas eu le temps de repenser à ses propres erreurs ? Avocat passionné, il croit en la cause de Touvier. Pour le défendre, il s'est fait son champion et il est parti à la barre comme à la croisade. Il y a de l'homme d'armes dans cet avocat trapu, tout caparaçonné derrière ses convictions morales et religieuses.

Mais, et c'est là sa faiblesse, Jacques Trémolet de Villers est autant militant qu'homme de loi. Son camp, c'est bien sûr l'extrême droite, mais pas n'importe laquelle. Pas celle du Front national en tout cas, même si l'avocat, à l'occasion, a commis quelques articles dans *Présent*, le quotidien proche du mouvement de Jean-Marie Le Pen. L'extrême droite de Jacques Trémolet de Villers est plus ancienne et plus traditionnelle, et surtout moins populaire. Inspirée à la fois par Maurras et Barrès, elle s'inscrit dans un vieux mouvement de pensée dont l'Action française fut, un temps, le porte-parole. Il s'agit de l'extrême droite catholique, celle qui n'a jamais accepté 1789 et qui, de loin en loin, s'agite à nouveau. Pour ces gens-là, Vichy fut un rayon de soleil.

Cette idéologie, le jeune Trémolet de Villers l'a tétée au berceau. Rejeton d'une vieille famille aristocratique de Lozère, il vit son père devenir conseiller général, puis député de ce département, sous l'étiquette du Centre national des indépendants et paysans. Parti croupion dont l'éternel destin est de ramener dans le giron de la droite civilisée les électeurs susceptibles de s'égarer sur des chemins plus extrêmes, au nom de la défense des « valeurs chrétiennes et occidentales ».

Dans les années soixante, Jacques Trémolet de Villers entre à son tour dans la politique. Il milite — aux côtés de Jean-Pierre Stirbois — à Jeune Alliance, le mouvement soutenant l'action de Jean-Louis Tixier-Vignancour — ancien secrétaire adjoint à l'Information en 1940, candidat de l'extrême droite à la présidentielle de 1965. Lui-même avocat, Tixier-Vignancour fut l'un des maîtres à penser de son jeune confrère, qu'il employa d'ailleurs dans son cabinet de 1967 à 1974.

Toutefois, l'essentiel de l'engagement de Jacques Trémolet de Villers n'est pas là. Catholique traditionaliste, il a rejoint très jeune les rangs de la Cité catholique, qui fut le principal mouvement intégriste de l'après-guerre. Dirigée par des laïcs, longtemps très présente au sein de l'armée et du patronat, cette organisation entendait combattre à la fois le communisme et la percée du progressisme chrétien en travaillant essentiellement en direction des élites du pays.

Au moment de la controverse entre les lefebvristes et Rome, la Cité catholique devait connaître de grandes dissensions internes. Reste que ses cadres ne se résoudront pas à rompre avec le Vatican. En 1981, la Cité catholique s'efface pour laisser la place à ICTUS (Institut culturel et technique d'utilité sociale). Les buts de cette nouvelle organisation sont les mêmes : propager un catholicisme ultra-conservateur. Jacques Trémolet de Villers en prend la présidence.

Proche de René de Chambrun, gendre de Pierre Laval, Trémolet de Villers ne cache pas où vont ses sympathies quand il est question de la période de l'Occupation. Interrogé par *le Progrès* de Lyon à quelques jours du procès Touvier, ne déclarait-il pas : « On veut faire de ce procès une affaire de mauvaise conscience nationale. Moi, je voudrais en faire une affaire de bonne conscience nationale. J'estime, en effet, que les Français n'ont pas à rougir de leur histoire entre 1940 et 1944. En effet, ils ont pris une déculottée monumentale à laquelle ils ne s'attendaient pas, même s'ils s'étaient relâchés depuis la fin de la Première Guerre mondiale. À partir de là, ils ont fait un effort collectif de redressement d'où est sortie la IVe République, et aussi la Ve. Nos parents ont été fantastiques. Bien sûr il y a eu des salopards, mais il y en a toujours. »

Abordant, dans le même entretien, la question de l'antisémitisme vichyste, Jacques Trémolet de Villers ajoutait : « Jamais Vichy ni la Milice n'ont proclamé que le Juif devrait être exterminé ni qu'il était l'ennemi de l'État ! Le statut des Juifs décrété sous Vichy était absurde et injuste, mais pas criminel contre l'humanité. [...] Quant aux déportations, il faut bien savoir que nous avons été de ceux qui les ont limitées le plus. Sur quatre cent mille Juifs vivant en France, soixante-douze mille ont été déportés. C'est soixante-douze mille de trop, d'accord. Mais enfin quand même, comme dit Annie Kriegel, je ne sais pas si le maréchal Pétain a servi la France, mais il a rendu service aux Juifs. »

Poursuivant sa défense de Vichy, l'avocat déclarera plus tard à *Libération* : « Laval était la bonté même, un homme de gauche, ni antisémite, ni antimaçon. »

Au fil de sa longue existence, Tixier-Vignancour a toujours mené de front son activité politique et son métier d'avocat, les mélangeant à l'occasion. Avocat de collaborateurs lors de l'épuration, puis de membres de l'OAS après la guerre d'Algérie, Tixier-Vignancour reste le modèle inégalé de Jacques Trémolet de Villers, qui écrira de lui à propos des procès de l'après-Algérie : « Le haut tribunal militaire avait été voulu et composé pour condamner Salan et justifier de Gaulle. Tixier va le transformer en véritable tribunal qui excusera Salan et — donc — condamnera de Gaulle. Heureux l'avocat qui, par sa seule voix, met en échec les machines de la domination et les force à s'avouer vaincues. »

Se disant spécialisé en droit de la presse, actif dans le droit du travail, bref, civiliste plutôt que pénaliste, Jacques Trémolet de Villers a-t-il souffert dans sa carrière de n'avoir pas trouvé la cause à sa mesure ? Toujours est-il que l'arrivée du dossier Touvier dans son cabinet va changer le cours de son existence professionnelle. Dès lors, l'avocat va consacrer l'essentiel de son énergie à la défense du milicien, qu'il accompagnera pas à pas au cours de l'instruction et qu'il assistera au long de sa détention. Outre les très copieux mémoires en défense qu'il produira à plusieurs reprises lors de ce parcours judiciaire, il fera également publier un opuscule de cent vingt-six pages intitulé *Paul Touvier est innocent*.

Enfin, même après le procès et la condamnation à la peine de réclusion à perpétuité infligée à son client, l'avocat ne désarmera pas. Il croit dans les vertus du « harcèlement judiciaire » et le prouvera en déposant un pourvoi en cassation et, à plusieurs reprises, des demandes de mise en liberté.

L'affaire Touvier est la croisade de Jacques Trémolet de Villers, même si celui-ci affecte d'avoir épousé cette cause avec un certain détachement. Comme il l'a laissé entendre à Annette Lévy-Willard, dans un entretien accordé à *Libération* : « Je suis arrivé à mon cabinet le lendemain de son arrestation et mes associés m'ont dit : "Paul Touvier a été arrêté. — Qui est-ce ? — C'est le chef de la Milice de Lyon. — Et alors ? — Il t'a désigné." Je suis allé à l'hôpital de Fresnes, je l'ai rencontré, nous nous sommes très bien entendus. Je pense que Touvier m'a connu par mes écrits dans *Permanence*, une revue diffusée dans les abbayes. [...] Mais il peut aussi s'agir d'une recommandation monastique. »

Une confidence involontaire de son client peut toutefois laisser penser que la rencontre entre les deux hommes est un peu plus ancienne. Dans son cahier vert, Touvier ne note-t-il pas à la date du dimanche 13 septembre 1988 : « Vu Trémolet avant la messe » ?

Prompt à réagir au moindre événement au cours de l'instruction ; assez habile pour parvenir à faire sortir de prison un Paul Touvier pourtant réputé dans l'art de la fugue et de surcroît inculpé de crime contre l'humanité ; assez bon juriste pour avoir eu la satisfaction de voir abandonner l'essentiel des charges pesant contre son client ; assez persuasif pour obtenir que la chambre d'accusation de la cour d'appel de Paris reprenne la plupart de ses arguments dans son arrêt de non-lieu, Jacques Trémolet de Villers a longtemps impressionné ses adversaires.

Courtois, jouant de sa rondeur, gourmand de bons mots, il s'est vite imposé comme une sorte d'anti-Vergès. Autant l'avocat de Barbie était remuant, pétardier et fasciné par les caméras, autant Jacques Trémolet de Villers sera calme, conciliant et discret. Il n'est pas l'homme des incidents d'audience. À la confrontation directe, il préfère souvent l'insinuation.

Les premiers jours du procès ne feront pas mentir cette réputation. En posant une succession de problèmes juridiques, il arrivera, on l'a vu, à dédramatiser un temps les débats. En obtenant que la cage de verre censée protéger son client soit en partie démontée, il réussira à rendre un peu de son « humanité » à Paul Touvier, redevenu un accusé presque comme les autres.

Fin juriste, il est aussi un polémiste-né. Talent qu'il

utilisera à plusieurs reprises avec succès pour désarçonner les témoins, voire pour les culpabiliser, son coup d'éclat restant le traitement imposé à l'historien américain Robert Paxton, dont la déposition, il est vrai, fut gênante pour la défense. « Un historien n'est pas un témoin, jettera l'avocat au témoin restant coi, un témoin c'est celui qui a vu directement. C'est parce qu'il a vu qu'il peut témoigner. Un historien parle par ouï-dire. Ce n'est pas un témoignage, c'est une opinion. » Et l'avocat de poursuivre en direction des jurés : « Vous allez juger un homme. Si vous vous trompez de décision, ce n'est pas comme M. Paxton. Un autre fera un autre livre pour dire qu'il a eu tort. Vous, vous commettrez une erreur judiciaire. »

Michel Zaoui aura beau lui répliquer : « Ce que vous venez de dire est le fondement même des théories négationnistes et révisionnistes », une partie de la salle aura beau applaudir les propos de l'avocat de la partie civile ; Jacques Trémolet de Villers reprendra sa place un sourire aux lèvres. En troublant le témoin il aura marqué un point tout en provoquant l'ouverture d'un débat.

Il reprendra cette technique plus tard face à Louis Goudard, en laissant entendre que l'ancien chef du renseignement FTP avait conclu un accord avec Touvier, son homologue à la Milice, en échange de sa vie sauve. Le coup, toutefois, ne portera pas. Goudard est un coriace.

Le reste de sa prestation sera moins brillant. Ainsi, on s'interrogera longtemps sur le choix des témoins convoqués par la défense.

Déjà, les dépositions des proches de Touvier avaient produit un effet glaçant sur la cour. Comment oublier le visage de Chantal Berthet, fille aînée de Touvier ? Avec sa petite taille, sa robe sage, ses bijoux discrets, cette femme de quarante-six ans avaient encore l'allure d'une lycéenne lorsqu'elle s'est approchée de la barre.

Il suffit de l'écouter quelques minutes pour s'apercevoir

qu'elle a d'ailleurs encore cette ardeur militante de l'adolescence qui confine souvent à l'aveuglement : « Mon père n'a pas participé, ni de près, ni de loin, à tout ce qu'on lui reproche. Tout ce qu'il a essayé de faire c'est de sauver des gens. » Suivra un long discours halluciné, cette vieille jeune fille, sacrifiée à un père qu'elle surnomme encore « Papillon », décrivant son enfance « gâtée » mais perpétuellement inquiète. « Nous avions le sentiment diffus que mon père était en danger. » Elle se souviendra également de ses prudences d'écolière, soucieuse de ne pas trahir « Papillon » ; de ce réveillon à la clairette de Die, le jour du décret de grâce pompidolien ; des événements de 1972 ayant précédé le passage à la clandestinité de la famille Touvier : « Les accusations ordurières portées contre mon père lui ont tressé une véritable couronne d'épines. »

Il ne faudra pas longtemps pour s'apercevoir que Chantal Berthet n'a aucune vie personnelle : « J'ai fait du droit, cela me permet de m'occuper du dossier de mon père » ; qu'elle ne dispose d'aucun revenu sinon « la générosité des amis de mon père ». Pas plus qu'elle n'a un avenir : « Il appartient à Dieu, pas à moi. »

De deux ans plus jeune, son frère Pierre est de la même eau, quoique plus falot. Lui non plus n'a pas d'autre passé que celui de son père, pas d'autre avenir non plus. Ses vêtements mêmes ne lui appartiennent pas. Ils lui ont été donnés. Tout juste fera-t-il part d'un peu de regret ; il aurait aimé faire d'autres études. Mais il se reprendra aussitôt pour s'avouer content d'avoir lui aussi fait son droit : « Cela me permet d'aider mon père. »

Françoise Besson se trompe. Oui, les Touvier sont une secte.

Et de quelle Église relèvent-ils, ceux qui viendront plus tard déposer en faveur de Touvier ? Quel impact, sinon négatif, eut devant les jurés ce défilé de personnages parfois inquiétants, parfois grotesques, toujours confinés dans le passé.

Il y eut d'abord deux ecclésiastiques en soutane : dom Soltner, dominicain d'Évreux, et l'abbé Montarien, prêtre sans paroisse du diocèse de Paris. Tous deux ne cachèrent pas à la cour toute la méfiance que leur inspirait la justice des hommes, le second n'hésitant pas à lâcher à mi-voix : « Quand on est recherché par la police, aller se livrer c'est ballot. »

Vint ensuite un ancien avocat proche de l'OAS, Jean-Baptiste Biaggi, soixante-quinze ans, dont le rôle consistait à prêcher la réconciliation nationale : « Je suis un ferme partisan de la réconciliation entre Français. L'amnistie est une nécessité absolue de la vie en société. Je ne sais pas s'il faut condamner Touvier pour avoir fait fusiller un certain nombre de Juifs ou le féliciter d'en avoir réduit le nombre. » Un discours convenu qui avait été précédé de plusieurs considérations historiques comme : « La Milice était pleine de gens qui n'étaient pas de mauvais garçons », voire d'affirmations n'allant pas vraiment dans le sens souhaité par la défense : « Toutes les prises d'otages étaient effectuées à la demande des Allemands. Après l'exécution d'Henriot, ce sont les Allemands qui ont exigé des représailles. »

Suivra une dame dont le mari a été relâché par Touvier le 20 août 1944, à treize jours de la libération de Lyon. Elle estime le milicien « responsable mais pas coupable ». Ou encore cette jeune agrégée d'histoire dont la famille a longuement abrité Touvier. Remâchant l'argument du « lynchage médiatique » dont aurait été victime l'accusé, le témoin s'étendra longtemps sur le martyre de la Normandie écrasée sous les bombes alliées.

Mais le pire était à venir, sous les traits d'un homme de soixante-six ans, Henri Minvielle, ancien milicien venu de Pau apporter, « en bon chrétien, le pardon de la

Milice ». Au moyen d'un discours fumeux dans lequel sa propre histoire prendra la principale place, Minvielle parviendra involontairement à faire s'écrouler de rire la salle — et la cour. Mais aussi à provoquer un début de panique du côté du ministère public, M. de Touzalin cherchant dans les textes, avant de les soumettre au président, les moyens légaux de faire taire un témoin transformant un procès d'assises en guignol.

Par quelle aberration Jacques Trémolet de Villers — qui se rendra progressivement compte du désastre — a-t-il convoqué pareils témoins ? Une seule explication s'impose. Là encore le militant a fait de l'ombre à l'avocat. De telles gens font tellement partie de son entourage qu'il a pu croire leur message efficace. Trémolet et Touvier étaient faits pour s'entendre, leurs convictions les aveuglent. Ils sont tous deux des hommes du passé. D'un passé décomposé.

La convocation de ces témoins « à décharge » relevait de l'erreur d'appréciation. Celle de Bernard Rozier, de Pierre Comte et de l'ancien avocat de Touvier, Me Raymond Geouffre de la Pradelle, relève, elle, de l'erreur technique. Elle trahit le manque d'expérience de Jacques Trémolet de Villers en matière de procès d'assises.

Pierre Comte, soixante-trois ans, avocat à Chambéry, a signé en 1970 une déposition en faveur de Paul Touvier. Sa mère, arrêtée au cours de l'été 1944 par la Milice de Savoie, a en effet été libérée sur l'intervention de ce dernier. Sa déposition était donc censée bénéficier à l'accusé. Or, elle tournera au témoignage à charge lorsqu'il répétera devant les jurés le récit que lui fit sa mère de ces jours sombres : « Arrêtée par la Milice, ma mère a été déférée devant un officier allemand puis enfermée dans les prisons de la Gestapo, caserne Curial à Chambéry. Touvier l'a tirée de cet endroit. »

Dans sa cage de verre, Touvier qui a senti venir le vent

prend d'autorité la parole : « La Milice occupait aussi la caserne Curial. » Fouillant dans son dossier, le président Boulard lui fera remarquer, en réponse, que de nombreuses déclarations affirment le contraire.

Bernard Rozier, soixante-huit ans, chambérien également, fait un récit similaire. Vingt jours après le débarquement en Normandie, Touvier a fait libérer son frère détenu dans les geôles de la Milice à Collonges-au-Mont-d'Or. Sa mère, interpellée en même temps que Mme Comte, a été élargie dans les mêmes conditions. Bernard Rozier se souvient qu'à quelques jours près elle risquait le sort des autres otages enfermés avec elle : le peloton d'exécution allemand.

À la barre, il exprimera à plusieurs reprises sa gratitude à celui qu'il appelle « monsieur Touvier ». Seulement voilà, il ajoutera également que c'est aux Allemands que sa mère a été livrée par la Milice : « Ils étaient même goguenards de voir des Français livrer d'autres Français. »

Contre toute attente, deux témoins cités par la défense étaient venus renforcer une thèse qu'elle combattait pourtant depuis le début du procès : celle de la connivence entre Touvier et les Allemands.

Quand, le 1er avril, Me Raymond Geouffre de la Pradelle se présente devant la cour, les parties civiles se frottent encore — et d'avance — les mains. Elles ne reviennent toujours pas de l'incroyable cadeau offert par leur adversaire, qui a lui-même fait citer l'ancien avocat de Touvier. Car entre les deux hommes le passif est lourd. Il remonte à 1981, année où le juge d'instruction Martine Anzani délivra un mandat d'amener contre le milicien. Soucieux de connaître le sort réservé à son client, Me Geouffre de la Pradelle s'était alors présenté devant le magistrat pour obtenir la réponse suivante : si Touvier venait de lui-même au palais de justice, il serait certes inculpé mais laissé libre.

Pressé par son conseil de répondre favorablement à

cette convocation, Touvier refusa de céder, croyant à un piège, craignant la prison. À la suite de quoi Me Geouffre de la Pradelle abandonna sa défense.

Comment Jacques Trémolet de Villers pouvait-il ignorer que son prédécesseur s'était à cette époque expliqué par écrit sur cette rupture ? Et surtout que cette lettre avait été versée au dossier ? Un document accablant dont Me Alain Lévy s'empressera de demander lecture.

En voici l'essentiel : « Je prends acte de la dérobade de M. Paul Touvier. Il est dans la vie de chacun des moments où l'on doit prendre ses responsabilités. Je regrette que son attitude soit d'une lâcheté manifeste. [...] Monsieur Touvier préfère, à la sagesse d'un combat loyal et sans risque, déchaîner tous les démons dont il entend faire le jeu [...]. Et, au lieu de faire face avec courage et dignité, choisit de se terrer dans l'ombre sans craindre, de plus, de perpétuer le spectacle déplorable d'un homme qui se sert de ses enfants comme bouclier. »

Me Geouffre de la Pradelle n'ignorait pas, lui, la présence de cette lettre dans le dossier. Et malgré ses efforts pour se réfugier derrière les règles déontologiques de sa profession, il lui faudra bien reconnaître l'authenticité de ces propos.

L'ensemble de ces bévues a pesé lourd. Jacques Trémolet de Villers tentera d'en gommer le souvenir en plaidant. Un exercice dans lequel il excelle. Il sait trouver les mots qui font mal pour dénoncer ce qu'il nomme les volte-face d'un ministère public empêtré dans les contradictions de la procédure. Un temps, celui-ci a soutenu que Touvier avait organisé de sa propre initiative le massacre de Rillieux, avant de soutenir le contraire et de suivre ainsi la décision de la Cour de cassation du 27 novembre 1992.

« Le ministère public a erré. Il a dit tout et son contraire. Cela disqualifie l'accusation. » L'avocat s'adresse directement aux jurés : « On vous dit : condamnez ! Mais comment voulez-vous répondre oui à une thèse ainsi construite ? Alors vous répondrez non parce que l'accusation a varié en droit et en fait. Elle n'a plus pour vous aucun crédit ! »

À l'appui de sa démonstration, Jacques Trémolet de Villers revient sur Louis Goudard pour soutenir que le résistant n'a pas été écarté du groupe des condamnés en raison de son origine raciale. « On ne sait pas pourquoi il a été écarté, voilà la vérité. Mais dites-vous bien une chose, Goudard était dans la Résistance l'homologue de Touvier, un homme de renseignement. Chez ces gens-là on ne se tue pas, on se questionne. » L'argument vaut ce qu'il vaut, c'est-à-dire pas grand-chose. Mais il n'est qu'une entrée en matière, une façon de préparer le coup. L'assaut arrive ensuite : « Louis Goudard a longtemps affirmé que les Allemands n'avaient joué aucun rôle dans l'affaire de Rillieux. Or, quand je lui ai demandé s'il maintenait cette opinion, il m'a comme par hasard répondu que sa position avait évolué.

« Je vais vous raconter Rillieux. »

Jacques Trémolet de Villers en arrive au sujet principal. Comme quelques instants plus tôt il avait rapporté, avec force détails, l'exécution de Pierre Laval, il raconte aux jurés celle de Philippe Henriot. L'avocat y met de l'émotion. Histoire, une fois de plus, de renvoyer collaborateurs et résistants dos à dos, dans l'opprobre. Dans un moment, toujours selon la même recette, il opposera le bombardement de Dresde ou la bombe américaine sur Hiroshima à l'horreur de la Shoah.

Mais le voilà de retour à Lyon, dans le bureau de Knab, le chef de la Gestapo. Lequel a ordonné des représailles portant sur une centaine de Juifs : « Victor de Bourmont, le chef régional de la Milice, l'apprend. Il se rend chez Knab et arrache un accord. "C'est une affaire française à régler entre Français, laissez-nous faire", dit-il à Knab, et c'est cela le drame, une horrible négociation. Et quand Touvier arrive l'accord est déjà passé. Knab avait exigé la mort de cent otages, Bourmont a réussi à ramener ce nombre à trente, Touvier le limitera à sept. S'agit-il d'une comptabilité horrible ? Non, il s'agit d'une comptabilité de guerre. C'est un acte de guerre en représailles d'un autre acte de guerre. »

Jacques Trémolet de Villers insiste : « C'est un acte de guerre. » Le message qu'il veut faire passer est clair : si par malheur le massacre de Rillieux devait être considéré comme un crime, il ne s'agirait que d'un crime de guerre, donc prescrit. Mais il reprend : « Ce que je soutiens ici, c'est l'absence d'intention criminelle. Touvier a été confronté à l'inévitable. Il n'a pas agi librement. Il n'y a pas de crime. »

Pour faire bonne mesure, l'avocat ressort alors sa chère théorie de la légitime défense d'autrui. Lui qui a tant critiqué le témoignage des historiens surprend son auditoire en brandissant le livre de l'un d'entre eux, Henri Amouroux. Dans un de ses ouvrages, celui-ci a raconté comment, à Maubeuge et à Pertuis, peu après la Libération, deux commissaires de la République ont choisi de faire exécuter d'anciens collaborateurs détenus afin d'apaiser la fureur épuratrice de la population et ainsi de préserver les autres prisonniers, dans l'attente d'un jugement décent. « Il fallait calmer l'émotion populaire. C'est ça l'état de nécessité », explose l'avocat qui revient aussitôt à son client : « Paul Touvier s'est trouvé dans l'engrenage d'un crime de guerre à une place où il a fait le nécessaire pour sauver le plus grand nombre d'hommes. Il n'y a pas crime, l'état de nécessité s'impose. »

Enfin, Jacques Trémolet de Villers s'attaque à la peine réclamée par l'accusation : « À Nuremberg, deux responsables nazis ont été condamnés pour le seul chef de crimes contre l'humanité. Le gauleiter de Vienne, von Schirach, a été condamné à vingt ans de prison après avoir été reconnu responsable de l'extermination de cinquante mille Juifs. Aujourd'hui, on demande perpétuité pour sept Juifs ! Où sommes-nous ? C'est du délire ! Où est la proportion des peines ? »

Voilà, le défenseur de Touvier arrive au terme de son propos. Il lui reste à prêcher la réconciliation nationale, autre thème qui lui est cher : « Il ne faut pas mélanger la douleur et la haine, la mémoire et la vengeance, l'hommage dû aux morts innocents et la vindicte contre celui qui n'a pas été l'instrument de leur mort. Vous allez rendre un verdict qui va faire la paix. »

Jacques Trémolet de Villers a regagné sa place. Comme le veut la loi, les derniers mots reviennent à l'accusé. Dans sa cage de verre, Touvier est resté immobile pendant toute la plaidoirie. Maintenant, c'est à peine s'il bouge pour laisser tomber, d'une voix faible, des mots qu'il a déjà ressassés et qui sonnent creux : « Je n'ai jamais oublié les victimes de Rillieux. Je pense à elles tous les jours, tous les soirs. C'est tout. »

C'est tout.

Les débats sont clos.

La cour peut se retirer pour délibérer.

IV

Perpétuité

Cinq heures trente après que Jacques Trémolet de Villers se fut tu et que la voix de Paul Touvier eut faiblement résonné pour la dernière fois dans la salle de la cour d'assises des Yvelines, le verdict tombait, faisant de l'accusé un coupable et du chef milicien le premier Français condamné pour crime contre l'humanité.

Cinquante années après le drame de Rillieux, Paul Touvier payait de la peine la plus lourde — la réclusion criminelle à perpétuité — sa participation, même modeste, à la solution finale.

Les adversaires du procès et parmi eux Jacques Trémolet de Villers ne se sont pas gênés pour le rappeler : dans les années qui suivirent la guerre, de nombreux dignitaires allemands, pourtant impliqués de façon plus considérable dans le plan d'extermination entrepris par les nazis, furent condamnés à de simples peines de prison, ou bénéficièrent de libérations anticipées. Ainsi, le SS-Brigadenführer Oberg, chef de la SS et de la police en France, et son adjoint Knochen, condamnés à perpétuité, firent l'objet d'une mesure de grâce signée de la main même du général de Gaulle.

La condamnation qui frappe aujourd'hui Touvier est-elle choquante pour autant ?

Les arguments ne manquent pas pour répondre par la négative. Si la République n'est pas comptable de Vichy, puisque Vichy était la négation même des valeurs qui fondent la République, la France, elle, ne peut faire l'économie de sa responsabilité. Qu'elle le veuille ou non, la collaboration et les persécutions raciales qui s'ensuivirent font partie de son histoire. Dans ces conditions, même pour préserver son unité, comment pourrait-elle s'arroger le droit de pardonner ? D'abord, un tel pouvoir n'appartient qu'aux victimes. Ensuite, une loi internationale a rendu imprescriptible les crimes contre l'humanité.

Au-delà des seuls arguments juridiques, il en va aussi de la bonne santé morale de cette nation. Durant l'Occupation, les Français ne constituèrent certainement pas un peuple unanime de quarante millions de vichystes et de collaborationnistes. Reste que, un demi-siècle plus tard, cette parenthèse de quatre années revient régulièrement hanter notre conscience nationale à la manière de ces cauchemars qui, chaque nuit et toujours sous la même forme, troublent le repos du dormeur. Et ces cauchemars ont des visages : celui d'un vieux maréchal, celui de Laval, de Vallat, de Darquier, de Bousquet, celui, enfin, de chaque enfant juif raflé.

Par crainte d'entretenir nos divisions, par répulsion face à notre passé, nous voilà encore encombrés du cadavre de Vichy. Il est certes temps de tourner la page, mais encore faut-il que celle-ci soit écrite. Cela, seule la justice peut maintenant le faire. Pas pour entretenir de vieilles querelles, mais pour établir définitivement les responsabilités de chacun et dire en quoi le régime du maréchal Pétain fut criminel. Bref, pour fixer la mémoire.

Enfin, Touvier n'a-t-il pas joué contre lui-même en se dérobant systématiquement devant la justice ? En se constituant prisonnier dans les années d'après guerre, alors que la fureur épuratrice était retombée et que la France avait encore l'illusion de pouvoir oublier, le milicien aurait vraisemblablement pu faire casser ses condamnations à mort, pour n'être condamné qu'à une peine infiniment plus légère. Lui non plus n'a pas eu le courage d'affronter. Lui aussi a misé sur l'oubli. Mais l'histoire l'a rejoint.

Post-scriptum

Pour que le procès de Klaus Barbie soit intégralement enregistré et filmé il avait fallu voter une loi. Décision exceptionnelle pour un procès qui ne l'était pas moins.

Il s'agissait alors de permettre aux caméras de s'installer durablement dans une enceinte judiciaire, non pour transformer un procès en spectacle mais pour collecter les images et les paroles qui fourniront, demain, matière à recherches aux historiens, aux étudiants et aux juristes.

Une seconde loi a été nécessaire pour que soit monté et diffusé à la télévision un extrait de quarante-cinq minutes tiré des débats du procès de Lyon. En modifiant ainsi la loi régissant les archives publiques[1], le législateur faisait du procès Barbie un outil pédagogique à un moment où les thèses négationnistes étaient complaisamment relayées par la presse d'extrême droite.

Grâce à ce précédent, le procès de Paul Touvier a pu également être enregistré, la cour d'appel de Versailles ayant décidé de faire droit à la requête des parties civiles. Plusieurs cameramen, placés à des postes fixes, et sous le contrôle d'un magistrat, ont donc filmé l'intégralité des débats. Après quoi les bobines ont été dûment scellées avant d'être entreposées dans les archives judiciaires en attendant d'être visionnées à leur tour.

Reste à savoir quand.

Pourquoi attendre, à un moment où la jeunesse, déjà largement mobilisée dans le combat contre le racisme, semble plus que jamais concernée par cette période historique, comme en témoigne encore l'intérêt soulevé par la récente commémoration de la Libération ? Les témoignages, l'image des visages bouleversés d'Édouard Lew ou des deux frères Glaeser lors de leur déposition, celle des visages inquiets de Gilberte Duc ou d'Edmond Fayolle, celle des visages déterminés des époux Jeanblanc ou de François Robin, ne sont-ils pas les meilleurs réquisitoires contre le négationnisme, l'indifférence, et toujours cette volonté d'oublier un passé peu glorieux qui s'est manifestée tout au long de l'affaire Touvier ?

Volonté d'autant plus perverse qu'elle perdure alors que les témoins de cette époque, eux, disparaissent un à un.

Ainsi, à quelques jours de la fin du procès de Versailles, au moment où les avocats des parties civiles se succédaient pour plaider, une agitation certaine s'est emparée de l'étage réservé à la presse, où une dépêche circulait de main en main. Celle-ci relatait les déclarations de François Mitterrand à l'historien Olivier Wieviorka, telles qu'elles sont reproduites dans son livre *Nous entrerons dans la carrière*[2]. Interrogé à plusieurs reprises entre avril 1990 et janvier 1993, le président de la République avait confié à l'historien la gêne qu'il ressentait à la perspective de voir juger pour crimes contre l'humanité un haut serviteur de la France de Vichy. Si ces propos concernaient plus un Bousquet ou un Papon et avaient été tenus bien avant l'ouverture du procès de Paul Touvier, ils n'en résonnèrent pas moins aigrement. Dans les rangs des parties civiles, deux avocats dont Roland Dumas, ancien ministre des Affaires étrangères de François Mitterrand, les condamnèrent avant que Jacques Trémolet de Villers ne s'en empare à l'appui de sa cause.

« Vous savez, il y a eu beaucoup de tribunaux après 1944 qui ont déjà fait beaucoup de travail, confiait le président à Olivier Wieviorka. Rejuger après un demi-siècle, c'est un peu difficile. J'ajoute que c'est moi-même qui ai autorisé une législation sur les crimes contre l'humanité. Cette législation doit être réservée, si je puis dire, à quelques rares personnages. Il faut se garder de généraliser pour recommencer un grand procès historique. On ne peut pas vivre éternellement sur ces choses. » Et le président de poursuivre un peu plus loin : « Quarante-cinq ans après ce sont des vieillards. Il ne reste plus guère de témoins et cela n'a plus guère de signification. »

À quelques années d'intervalle, François Mitterrand adoptait donc la même démarche que son prédécesseur Georges Pompidou, lui aussi soucieux de jeter le voile, et commettait la même erreur, troublante chez des esprits aussi brillants. Car juger Bousquet, Papon et *a fortiori* Touvier ne relève ni de l'exercice historique, ni d'une quelconque volonté de parfaire l'épuration.

Quand, toujours dans le même ouvrage, François Mitterrand déclare : « Dans l'histoire de France, il est rare que les grands déchirements n'aient pas été effacés par des amnisties ou des oublis volontaires dans les vingt ans qui ont suivi. Même la Commune. La Commune a été le plus grand drame intérieur français après la Révolution », le président de la République semble oublier pourquoi les trois hommes cités plus haut ont été inculpés pour crimes contre l'humanité.

Ce n'est pas pour avoir été dans le mauvais camp, pétainistes et proallemands, mais pour avoir été les complices du génocide programmé et exécuté par les nazis, ceux-là mêmes qui ont conduit les Alliés à instituer le tribunal militaire international de Nuremberg. Bousquet était accusé d'être responsable de l'arrestation et de la déportation de plus de treize mille Juifs de la région parisienne en 1942 ; Papon est accusé d'avoir organisé le transfert de deux mille Juifs bordelais vers Drancy, antichambre des camps de la mort, au cours de la même année, et Touvier d'avoir assassiné sept hommes au seul motif qu'ils étaient juifs. Ils n'étaient pas des traîtres ordinaires mais, chacun à sa manière, des artisans de la « solution finale ».

Au mois de septembre 1994, la parution d'un livre de Pierre Péan[3] puis une interview télévisée du chef de l'État semaient à nouveau la confusion. En reprenant peu ou prou ses précédentes déclarations, en confiant au surplus avoir entretenu des liens avec René Bousquet jusqu'en 1986, François Mitterrand avouait également être intervenu pour retarder le cours de la justice : « C'est vrai, a-t-il révélé, j'ai donné aux ministres l'instruction de freiner ce genre de procès... pour ne pas raviver les divisions nationales. »

L'explication, que beaucoup pressentaient, sur les lenteurs incompréhensibles des procédures visant les collaborateurs français tombait enfin.

Claire.

Mais en se livrant à cette confession, le président a du même coup « tiré le tapis » sous les pieds de Maurice Papon. Car qui, désormais, prendra le risque de protéger encore l'ancien sous-préfet de Bordeaux ?

Le procès de Klaus Barbie a permis celui de Paul Touvier. Souhaitons que le procès de Paul Touvier autorise, maintenant que les dernières barrières sont levées, celui de Maurice Papon.

Alors, la page pourra être tournée.

1. La loi numéro 85699 du 11 juillet 1985 et le décret numéro 8677 du 15 janvier 1986 permettent la constitution d'archives audiovisuelles de la justice.

2. *Nous entrerons dans la carrière, de la Résistance à l'exercice du pouvoir*, Olivier Wievorka, Seuil, 1993.

3. *Une jeunesse française*, Fayard, 1994.

ANNEXES

Texte de la plaidoirie prononcée par Me Alain Jakubowicz, avocat, à l'audience de la cour d'assises de Versailles du 15 avril 1994

Monsieur le Président,
Mesdames de la Cour,
Mesdames et Messieurs les Jurés,

On a, au cours de ces débats, beaucoup parlé des Juifs.

Qui s'étonnera que je le fasse encore, intervenant pour clôturer les plaidoiries des parties civiles, aux côtés de mon confrère Henri Leclerc, pour le compte des associations représentatives de la communauté juive de France ?

Et pourtant.

Pourtant, je voudrais, en commençant ma plaidoirie, vous faire part de cet étrange et douloureux malaise que j'ai ressenti au cours de ces audiences chaque fois qu'il était question des Juifs.

J'avais beau me raisonner, en me disant que c'était bien naturel, puisque c'est uniquement parce qu'elles étaient juives que Paul Touvier a désigné ses victimes...

Rien n'y faisait.

Ce malaise ne me quittait pas.

Pourquoi ?

Était-ce l'appréhension d'une sorte d'effet pervers qui

me donnait le sentiment qu'en parlant et reparlant des Juifs on les singularisait, on les isolait à nouveau ?

Était-ce la crainte que l'on puisse croire, que VOUS PUISSIEZ CROIRE que ce procès est un procès pour les Juifs, quand il s'agit d'un procès pour les hommes, pour l'humanité ?

Pourquoi ai-je eu envie de hurler :

LES JUIFS SONT DES HOMMES COMME LES AUTRES

LES JUIFS SONT DES FRANÇAIS COMME LES AUTRES

Comme si cela n'allait pas de soi.

Pourquoi ai-je eu besoin de vous montrer cette photographie d'un ancien combattant avec ses médailles, comme si j'avais à me justifier, voire à m'excuser de vous parler encore et toujours des Juifs.

D'où venait ce malaise, si ce n'est du sentiment que le mal dont nous parlons ici n'est pas totalement éradiqué de notre société ?

Et cela me fait peur...

En ces moments de doute, en ces moments de peur, j'ai remercié le Ciel, mais aussi la Justice, d'avoir à mes côtés mes confrères représentant les intérêts des associations de résistants et déportés.

Et cela justifie davantage encore, s'il en était besoin, que nous soyons si nombreux au rang des parties civiles.

Cela nous a pourtant été reproché, non sans quelque raison parfois.

Notre confrère Trémolet de Villers n'a pas manqué de souligner qu'il était seul face à une « coalition » d'avocats, tout en feignant de s'étonner de leurs différences.

Je lui répondrai, sur le premier point, qu'il ne dépendait que de lui que la défense de l'accusé soit renforcée s'il l'estimait nécessaire.

Quant au second, chacun aura mesuré au cours de ce procès qu'il est parfois plus facile d'être seul à défendre une mauvaise cause que nombreux à en défendre une bonne.

Si nous sommes si nombreux au rang des parties civiles, c'est avant tout parce que les victimes de Paul Touvier étaient elles-mêmes nombreuses.

Et si nous ne parlons toujours pas d'une seule voix, c'est tout simplement parce que les victimes n'étaient pas toutes les mêmes.

Certaines étaient résistantes.

D'autres étaient juives.

D'autres encore étaient juives et résistantes.

Ces victimes ne constituaient pas un bloc monolithique.

Pourquoi leurs avocats en formeraient-ils un ?

Paul Touvier est certes jugé pour l'assassinat de sept Juifs qui n'étaient pas résistants.

La présence des associations de résistants aux côtés des victimes et des associations juives ne s'en impose pas moins, et ce pour deux raisons.

La première est d'ordre moral et historique : résistants et juifs étaient victimes des mêmes bourreaux, même si les motivations et les modes d'exécution pouvaient être différents.

La seconde raison est d'ordre juridique et résulte des dispositions de l'article 2-4 du Code de procédure pénale :

« *Toute association régulièrement déclarée depuis au moins cinq ans qui se propose, par ses statuts, de combattre les crimes contre l'humanité ou les crimes de guerre, ou de défendre les intérêts moraux et l'honneur de la Résistance ou des déportés, peut exercer les droits reconnus à la partie civile, en ce qui concerne les crimes de guerre et les crimes contre l'humanité.* »

La défense ne s'y est d'ailleurs pas trompée en renonçant à soulever l'irrecevabilité de telle ou telle association, préférant tenter de les écarter toutes, dès le premier jour de ce procès...

Même si elle y était parvenue, elle n'aurait pu occulter le fait que les sept victimes de Rillieux étaient juives et que c'est parce qu'elles étaient juives qu'elles ont été victimes.

Leur acte de naissance constitue à la fois leur acte d'accusation et leur sentence de mort, à l'instar des soixante-quinze mille Juifs de France qui ont été exterminés pour cette seule et même raison, victimes de la barbarie nazie et de la France de Vichy.

La défense de Paul Touvier a sans doute raison de vous rappeler que vous êtes ici pour juger un homme.

Mais pas n'importe quel homme : le chef régional du Deuxième Service de la Milice française, agissant en cette qualité.

Ces victimes ne sont pas non plus n'importe quelles victimes, mais sept juifs choisis sur cet unique critère.

Enfin, le mobile du crime n'est pas n'importe quel mobile, puisqu'il s'agit d'un crime perpétré dans le cadre du plan concerté de l'extermination des Juifs.

C'EST CE QUI FAIT LA SPÉCIFICITÉ DE CE PROCÈS
ET L'A RENDU INDISPENSABLE.

Certaines voix se sont élevées dans notre pays pour se demander si ce procès était bien utile.

Ces sceptiques posent trois questions, sur lesquelles vous vous êtes peut-être vous-mêmes interrogés.

Ce procès est-il encore justifié après tant d'années ?

N'est-il pas préférable de pardonner, sinon d'oublier, au nom de la réconciliation nationale ?

Est-il bien nécessaire de juger un vieillard ?

Aucune de ces questions ne doit être éludée.

Toutes méritent réponse.

Le délai tout d'abord

Il convient en premier lieu de rappeler que Paul Touvier a déjà été jugé et condamné à mort à deux reprises à la Libération pour les exactions qu'il avait commises en sa qualité de chef milicien durant la guerre.

Comme vous le savez, il s'est délibérément soustrait à la justice pendant près de cinquante années avec les complicités que nos débats ont révélées, sinon confirmées.

Il est cependant bien évident que Paul Touvier n'a jamais été jugé pour les faits qui lui sont aujourd'hui reprochés.

Sans doute vous êtes-vous demandé pourquoi ?

Il faut pour le comprendre savoir qu'à la Libération, dans l'euphorie de la démocratie et de la république retrouvées, il n'était pas encore question de l'évocation du martyre que la communauté juive venait de vivre.

Les procès de l'épuration ne concernaient que les crimes de trahison et d'intelligences avec l'ennemi.

Tout ce qui concernait les Juifs était enfoui sous les décombres des camps, dont certains à l'Est étaient sous autorité allemande, mais dont d'autres hélas ! étaient français et sous l'autorité de Vichy, tels Drancy, Gurs,

Rivesaltes, Pithiviers, Beaune-la-Rolande et tant d'autres encore.

Il avait été coulé sur cette question une chape de béton, celle de la honte d'une France qui voulait oublier qu'elle avait livré ses Juifs à la déportation et à l'extermination.

Quant aux Juifs eux-mêmes, la plupart étaient partis en fumée ou avaient été assassinés, à l'instar des sept victimes de Rillieux.

Les survivants, surpris de l'être, ne voulaient surtout pas déranger…

Ceux qui revenaient des camps étaient en état de choc et n'osaient pas parler, par crainte de ne pas être crus : il leur faudra des décennies avant de pouvoir le faire.

Ceux qui étaient restés en France recherchaient inlassablement tel ou tel parent qu'ils espéraient survivant.

Croyez-vous qu'il ait fallu vingt années aux frères Glaeser pour se souvenir de la mort de leur père ?

Non, bien sûr, ils y ont pensé chaque jour, chaque instant de leur vie depuis le 28 juin 1944.

Mais il leur a effectivement fallu vingt ans avant d'oser saisir la justice.

Vingt années durant lesquelles Paul Touvier s'est précisément soustrait à la justice… auxquelles ont succédé trente nouvelles années de fuite.

Alors, que les choses soient claires.

Si Paul Touvier n'a pas été jugé plus tôt, il en est le seul et unique responsable.

Qu'il n'ait pas aujourd'hui l'audace de venir se prévaloir du temps écoulé.

Et s'il le faisait, il suffirait de lui rappeler que la loi tant nationale qu'internationale a décidé de l'imprescriptibilité des crimes contre l'humanité.

Cela signifie que la communauté des nations a considéré que ces crimes d'inhumanité étaient insusceptibles d'oubli et pouvaient être poursuivis en tous temps et tous lieux.

VENONS-EN MAINTENANT À LA DEUXIÈME QUESTION : CELLE DE LA RÉCONCILIATION NATIONALE

Sur ce point encore, il convient d'être clair.

Nous avons affaire à un véritable chantage intellectuel aux termes duquel le procès de Paul Touvier aurait dû être sacrifié sur l'autel de la réconciliation nationale.

Selon Paul Touvier et son défenseur, ce procès aurait pour effet de raviver des plaies, alors qu'il n'est question que de les cicatriser.

Cette cicatrisation passe nécessairement par la Justice et la Vérité qui seules permettront d'exorciser cette période, qui demeurera ainsi à tout jamais la plus noire de l'histoire de notre pays.

Au cours de cette période, la France s'est reniée et a renié ses valeurs fondamentales.

Il n'est donc pas possible, pas concevable, pas digne de la France de tourner cette page de notre histoire avant qu'elle n'ait été écrite.

C'est vous qui écrirez cette page par la décision de justice que vous y imprimerez.

Elle pourra alors, et alors seulement, être tournée.

Pour l'heure, au moment où les derniers témoins disparaissent, il faut que les jeunes Français sachent que Paul Touvier a délibérément fait un choix : celui du mal contre le bien.

Contrairement à ce qu'il prétend, ce procès n'est pas le procès de la France, mais celui de l'anti-France.

Et l'anti-France ce n'est pas comme il l'affirme la conspiration des bolcheviks, des francs-maçons et des Juifs.

L'anti-France c'est lui, et tous ses complices de la Milice, qui ont sali le nom de la nation française.

La France de Vichy, celle de la Milice et de Touvier, est certes responsable, par ses lois antijuives qui devançaient et allaient bien au-delà des demandes allemandes, de l'extermination de soixante-quinze mille Juifs.

Cependant, pendant cette même période, des milliers d'autres Juifs étaient sauvés par d'innombrables Français anonymes.

Nous avons tous en mémoire le témoignage émouvant de M. Glaeser qui nous a dit comment son père avait été sauvé dix-huit fois avant de tomber entre les mains de Paul Touvier.

Sans doute vous souvenez-vous comme moi de cet épisode du gardien d'immeuble (on disait autrefois concierge) qui est allé à la rencontre de M. Glaeser, dans la rue, pour le prévenir qu'il ne fallait pas qu'il rentre chez lui, où il était attendu...

Le rôle de ces concierges a été déterminant au cours de cette période, prévenant les Juifs quand la police française était passée alors qu'ils étaient absents, ouvrant la porte de leurs loges pour accueillir ceux qui fuyaient...

Des villages entiers se sont mobilisés pour venir en aide aux Juifs persécutés.

Rappelons le plus connu, Le Chambon-sur-Lignon, ou encore Dieulefit dans la Drôme.

Les œuvres et mouvements catholiques, les VRAIS, ont également fait un travail admirable. Quelques exemples seulement :

— Sainte-Germaine à Toulouse ;

— Saint-Julien-en-Genevois à Lyon ;

— le petit collège Saint-Jean-de-la-Croix à Avon, près de Fontainebleau, où a été tourné le film de Louis Malle *Au revoir les enfants* ;

— l'Aide aux mères de famille, organisation catholique dont l'objet était d'accueillir les femmes seules, les filles mères, les veuves avec leurs enfants, juifs, bien sûr.

L'action de la Cimade protestante et des réseaux du père Chaillet.

Le préfet Boutemy, sommé par l'occupant de lui fournir une liste d'otages, qui a inscrit en tout et pour tout sur la feuille : « BOUTEMY, préfet de la Loire. »

Et tant d'anonymes, de vrais chrétiens qui, eux, ont entendu au sens propre comme au sens figuré la lettre pastorale du cardinal Gerlier, lue en chaire le 6 septembre 1942 dans tout le diocèse de Lyon :

L'exécution des mesures de déportation qui se poursuivent actuellement contre les Juifs donne lieu sur tout le territoire à des scènes si douloureuses que nous avons eu l'impérieux et pénible devoir d'élever la protestation de notre conscience.

Nous assistons à une dispersion cruelle des familles où rien n'est épargné, ni l'âge, ni la faiblesse, ni la maladie. Le cœur se serre à la pensée des traitements subis par des milliers d'êtres humains et plus encore en songeant à ce que l'on peut prévoir [...].

Nous n'oublions pas qu'il y a pour l'autorité française un problème à résoudre et nous mesurons les difficultés auxquelles doit faire face le gouvernement.

Mais qui voudrait reprocher à l'Église d'affirmer hautement, en cette heure sombre et en présence de ce qui nous est imposé, les droits imprescriptibles de la personne humaine, le caractère sacré des liens familiaux, l'inviolabilité du droit d'asile et les exigences impérieuses de cette charité fraternelle dont le Christ a fait la preuve distinctive de ses disciples ?

C'est l'honneur de la France de ne pas abandonner de tels principes.

Ce n'est pas sur la violence et la haine qu'on pourra bâtir l'ordre nouveau.

On ne le construira, et la paix avec lui, que dans le respect de la justice, dans l'union bienfaisante des esprits et des cœurs à laquelle nous convie la plus grande voix du maréchal Pétain et où fleurira le séculaire prestige de notre patrimoine.

Daigne Notre-Dame de Fourvière nous aider à en hâter le retour.

Mgr Saliège, archevêque de Toulouse, a eu, à la même époque, une démarche similaire.

De même que Mgr Moussaron, archevêque d'Albi.

Et d'autres encore...

Ces prélats étaient porteurs du message de l'Église : mais Touvier n'était pas à l'église.

Les anonymes dont je vous ai parlé étaient porteurs de l'honneur de la France : mais Touvier avait trahi la France.

TROISIÈME QUESTION : EST-IL NÉCESSAIRE DE JUGER UN VIEILLARD ?

Nous avons vu les efforts que Paul Touvier était capable de déployer pour que l'on s'apitoie sur son sort.

Des voix se sont élevées pour se demander si un tel acharnement était bien nécessaire et s'il n'était pas préférable de le laisser vieillir en paix.

Alors, puisque nous jugeons effectivement un homme pour des faits dont il s'est rendu coupable il y a cinquante ans, nous avons le droit et le devoir de nous demander si cet homme est demeuré le même ou s'il a changé.

Je dois vous avouer que j'ai, comme vous sans doute, été quelque peu « désarçonné » en voyant l'homme qui s'est présenté à nous à l'ouverture de son procès le jeudi 17 mars.

Au cours des deux premières journées, Paul Touvier nous est en effet apparu comme un vieillard tranquille, poli, et policé : bref, un grand-père inoffensif.

Sans doute vous êtes-vous demandé ce qu'un tel homme faisait dans pareil box d'accusé, protégé par une vitre blindée et des compagnies de gendarmes mobiles.

Vous ne connaissiez alors ni l'homme, ni les faits qui lui étaient reprochés.

Peut-être avez-vous même eu du mal à imaginer que cet homme, tel qu'il se présentait à vous, était le même que celui dont l'acte d'accusation vous a été lu, au début de la deuxième journée d'audience.

C'est qu'à cet instant précis Paul Touvier n'avait pas encore parlé.

Le mystificateur qu'il est et a toujours été jouait à merveille le rôle qui était le sien.

Son avocat, et c'est la noblesse de notre profession, se posait en bouclier : il distillait habilement ses coups, de telle sorte que la réplique le vise lui, pas son client.

Sous couvert de prétendus problèmes juridiques, dont la cour a rapidement fait litière, Me Trémolet se posait en rempart... pourvu qu'on laisse tranquille le brave grand-père qui aurait presque fait pitié, si l'on n'y avait pris garde.

La ruse était habile, même si elle n'est pas nouvelle.

Souvenez-vous en effet que tel avait été déjà la stratégie de la défense de Klaus Barbie, qui avait poussé le système jusqu'à son paroxysme, avec le départ de l'accusé lui-même de l'audience, laissant son avocat seul, face aux victimes, aux témoins, au procureur général représentant le peuple français.

Dès lors, c'est l'avocat qui devait se substituer à l'accusé : c'est de lui que l'on parlait.

Peu importait que ce fût en mal, du moment que l'on oubliait son client.

La supercherie a fait long feu et la justice ne s'y est pas trompée.

Mais la défense de Paul Touvier n'est pas celle de Klaus Barbie, même si les deux hommes sont pour ce qui les concerne très semblables, à bien des égards.

Pendant ces deux premières journées, c'est la qualité de

l'avocat qui est apparue, pas l'ignominie de l'accusé, pour la simple raison que l'avocat monopolisait la parole pour que l'accusé se taise.

C'est ce qui a fait s'installer dans ce prétoire ce ton badin et bonhomme, contre lequel j'ai estimé devoir mettre la cour en garde au terme de la deuxième journée d'audience, en rappelant l'objet et l'enjeu de ce procès.

Je vous avoue que j'étais alors très inquiet.

La situation devait cependant bien changer dès le lundi 21 mars, avec le début de l'interrogatoire de l'accusé sur son curriculum vitae.

Il était dès lors bien difficile, et même impossible, à l'avocat de répondre à la place de son client, même si celui-ci n'hésitait pas à l'appeler à la rescousse.

Devant nous, le masque de cire s'est craquelé au fil des jours avant de tomber totalement.

Cela ne s'est pas fait tout seul, cela ne s'est pas fait tout de suite.

C'est peu à peu que nous avons vu apparaître derrière ce masque de grand-père tranquille la réalité d'un homme froid, glacial, dissimulant de plus en plus mal son mépris derrière une obséquiosité empruntée.

Une fois le masque tombé, le Paul Touvier de 1994 est apparu absolument identique à celui de 1944.

L'usure du temps n'a affecté que son physique : pas sa personnalité.

Son mode de fonctionnement est demeuré le même : celui d'un chef de bande.

La bande à laquelle il appartenait et dans laquelle il avait une responsabilité importante en 1944 s'appelait la Milice.

Celle qu'il a créée à la Libération, et dont il demeure le chef, est devenue une véritable secte qui porte son nom : Touvier-Berthet.

L'une comme l'autre n'obéissent qu'à sa propre loi.

Souvenez-vous.

Lorsque, monsieur le Président, vous interrogiez l'accusé sur les réquisitions d'appartements et biens juifs dont il s'est rendu coupable, en attirant son attention sur le fait qu'il agissait en pleine illégalité, Paul Touvier vous a répondu : « En période de révolution, les textes n'ont plus d'importance. »

Paul Touvier a toujours fait ce qu'il voulait au mépris de la loi.

Paul Touvier ne vole pas.

Pendant la guerre, il réquisitionne.

Après la guerre, il emprunte.

Lorsque le chef milicien Paul Touvier extorque de l'argent au malheureux Picon, menacé des pires sévices... cela s'appelle, selon lui, un don à la Milice...

Le donateur est à ce point généreux et spontané que, lorsqu'il verra Paul Touvier venir le solliciter à nouveau à la Libération, il hurlera si fort que le courageux Touvier prendra ses jambes à son cou.

Lorsque, dans la foulée, Paul Touvier s'apprête à piller un bureau de poste avec ses comparses, c'était selon lui tout à fait naturel et parfaitement légal... puisqu'il en avait besoin...

La même négation de la loi et du droit persiste dans la secte Touvier-Berthet.

Il en est lui-même le chef, le dieu adoré et vénéré par ses apôtres : Monique l'épouse, Chantal la fille, Pierre le fils.

Ils sont d'ailleurs davantage que des apôtres, ce sont des clones : des reproductions de Paul Touvier.

Ils parlent comme Paul Touvier.

Ils pensent comme Paul Touvier.

Ils vivent comme Paul Touvier.

Ils vivent pour Paul Touvier.

Spectacle pitoyable que ces zombis qui traversent la vie comme des ombres fugitives, portant la croix d'un père qu'ils ont érigé au rang d'idole, au sens biblique du terme.

Dans la famille Touvier, on se prétend chrétien, mais on est touviériste.

Cette secte bizarre et étrange, dont la religion est le culte d'un homme qui se prétend martyr.

Paul Touvier est un gourou tout-puissant.

Il est pourchassé, que dis-je, persécuté, par des hordes sauvages qui ne veulent recevoir son message de vérité, car elles n'en sont ni capables, ni dignes.

Ces mécréants veulent lui infliger le supplice des supplices : la justice des hommes, quand lui ne relève que de la justice de Dieu, c'est-à-dire de la sienne propre.

C'est, dans sa logique, ce qui l'autorise à se soustraire à la justice.

À quoi bon le juger puisqu'il est innocent ?

Tout dans son fonctionnement relève de la secte.

Le maître mot est l'endoctrinement : il s'agit d'inoculer la seule vérité qui vaille : son innocence et le martyre qui est le sien (celui de ses victimes n'a rigoureusement aucune importance...).

Parmi ses adeptes, le cas de Mgr Duquaire est particulier.

Hypnotisé, il devint le grand prêtre et l'homme de communication de la secte.

Infatigable missionnaire, il s'est livré pendant des années au prosélytisme le plus acharné.

Après avoir fait amende honorable auprès de la hiérarchie ecclésiastique, il disparaîtra avant d'avoir tout compris.

D'autres cependant ont compris, et ont fini par entrevoir le visage qui se cachait sous le masque.

Ainsi Gabriel Marcel qui écrivait le 15 décembre 1970 à Mgr Gouet, après avoir réalisé qu'il avait été mystifié par Paul Touvier : « Cet homme est un scélérat qui m'a menti sur toute la ligne. Si vous me dites qu'il s'est amendé, je vous répondrai que la seule contrition qui vaille se traduit par le besoin impérieux de dire la vérité, de reconnaître ses crimes. »

Même le père Blaise Arminjon, pourtant un proche jusqu'aux derniers jours, empêché de venir témoigner, a confessé, dans la lettre qu'il a adressée à la cour et qui a été lue le 5 avril, avoir rédigé une attestation en faveur de Paul Touvier « sous la pression d'un personnage important », ajoutant qu'il a, depuis lors, mesuré son « imprudence ».

Comme le père Ducret, qui a eu le courage de venir témoigner pour avouer devant votre cour que « si c'était à refaire » il refuserait à Paul Touvier l'attestation qu'il a « rédigée en son temps au soutien de sa grâce ».

Une fois le masque tombé, Paul Touvier apparaît nu, tel qu'il est... et seul !

Juste retour des choses pour un homme qui n'a eu de cesse, tout au long de sa vie, de se servir des autres et de les jeter quand il n'en avait plus besoin.

N'est-il pas allé jusqu'à dénoncer aux services de police les ecclésiastiques qui l'avaient aidé à se cacher à la Libération, et parmi eux l'abbé Vautherin ?

Exemple unique d'un prétendu proscrit qui dénonce ses protecteurs...

Paul Touvier n'a pas d'amis, il n'a au mieux que des soutiens, au pire que des complices.

Parce que Paul Touvier est un lâche, c'est ainsi qu'il est apparu au fur et à mesure de l'évolution de son procès.

Les experts psychiatres ont d'ailleurs dit de lui : « Paul Touvier n'est pas le chef qui dit : suivez-moi, mais qui dit : Allez-y... »

Cela en dit long sur sa lâcheté.

Et comme tous les lâches, il n'assume rien et n'a eu de cesse de se cacher.

La couverture qu'il a choisie dans sa fuite est la plus ignoble qui soit, lorsqu'elle n'est pas sincère : celle de la foi.

Paul Touvier ne recule devant rien : il a osé tenter sournoisement de faire de son procès celui de l'Église.

L'idée était diabolique.

En prétendant avoir agi en chrétien, au nom et dans la foi du Christ, il visait deux objectifs : se ménager les bonnes grâces de l'Église, et partant, de l'opinion publique ; tenter d'opposer la communauté juive à l'Église.

Il y serait peut-être parvenu si, sur ce point encore, le masque n'était tombé.

Paul Touvier a certes été élevé dans une famille profondément catholique.

Mais quel enseignement en a-t-il tiré ?

Est-ce l'enseignement du Christ qui l'a fait vivre pendant toute la guerre avec des prostituées, faisant de lui un proxénète ?

Est-ce l'enseignement du Christ qui lui a appris à torturer, ou peut-être plus grave encore à faire torturer, à supplicier, à assassiner, à piller ?

Est-ce l'enseignement du Christ qui a fait de lui un menteur effronté même parvenu au crépuscule de sa vie ?

Paul Touvier n'a en fait jamais respecté la loi de l'Église, car elle est inconciliable avec la sienne.

Il s'est tout au plus souvenu qu'il était chrétien après la guerre, quand il a perçu l'intérêt que pouvait représenter pour lui l'institution de l'Église, ou plus précisément d'une certaine Église.

Il s'est servi de la religion comme d'un alibi.

Il convient au demeurant sur ce point de distinguer deux périodes, comme le fait excellemment le rapport Rémond dont on comprend à quel point il gêne Paul Touvier.

La première période va de la fin de la guerre à la prescription.

Admettons qu'un certain nombre de prélats aient pu considérer qu'il s'agissait alors de soustraire un homme à la peine capitale, et de le faire profiter du droit d'asile, encore que la tradition refuse l'asile à certains criminels, et n'a pas pour but de dessaisir la justice des hommes, mais de modérer la rigueur de la répression.

Admettons cependant.

Mais après...

Après l'explication est simple : il suffit de voir d'où vient l'aide qui a été prodiguée à Paul Touvier.

Elle ne vient pas de l'Église, mais de quelques ecclésiastiques qui agissent davantage en militants qu'en prélats.

Ce n'est pas un hasard si Paul Touvier a été retrouvé dans un monastère intégriste.

Ce n'est pas un hasard si la cheville ouvrière de l'aide dont il a bénéficié est un ancien Waffen SS.

Ce n'est pas un hasard si l'un des seuls ecclésiastiques qui ont accepté de témoigner en sa faveur à l'audience est l'abbé Montarien, qui a osé venir dire dans un prétoire qu'il faut être « ballot » pour se rendre à la justice lorsque l'on est recherché.

Curieuse interprétation de l'Évangile qui contesterait de façon définitive l'exercice de la justice par les hommes.

Quel crédit au demeurant apporter à un témoin en soutane qui se voit refuser le statut d'aumônier des prisons, en raison de ses mauvaises fréquentations (des jeunes, a-t-il dit) sur lesquelles il a été bien discret ?

Le seul dénominateur commun que l'on retrouve chez les hommes qui ont aidé Paul Touvier au cours de cette seconde période est la nostalgie et la persistance de la fidélité à la France de Vichy et de ses lois, y compris et surtout antijuives.

Il s'agit pour les politiques de la négation de la démocratie et des valeurs républicaines.

Il s'agit pour les ecclésiastiques de la négation de

Vatican II en ce qu'il a de plus noble : la fin du mythe du Juif déicide.

Il s'agit, ne nous y trompons pas, de l'antisémitisme le plus primaire, le plus ancien, le plus dangereux.

Il s'agit d'antijudaïsme.

Alors, puisque la question a été posée et qu'elle est tout de même au cœur de nos débats, bien que ce ne soit pas pour cela, ou plus exactement que pour cela qu'il est jugé : Paul Touvier est-il oui ou non antisémite ?

Cette question paraît presque incongrue, tant la réponse est évidente.

L'antisémitisme de Paul Touvier

Dès sa naissance, Paul Touvier a été élevé dans la haine obsessionnelle des Juifs.

Tout dans son éducation est empreint de cet antisémitisme.

La bibliothèque de son père, ancien militaire, antirépublicain, viscéralement antidreyfusard, est un modèle du genre.

On y retrouve tous les poncifs de la « littérature » antisémite la plus virulente.

De *la Conjuration antichrétienne* de Mgr Delassus à *la France juive* de Drumont en passant par l'apologie de Drumont et de l'antisémitisme par Bernanos.

Chez les Touvier, on vomit tout à la fois les congés payés, le relâchement des mœurs et la ploutocratie judéo-maçonnique.

Paul Touvier n'en est pas resté aux livres : il a transformé cet antisémitisme en passage à l'acte.

C'est donc tout naturellement qu'il a chanté avec ses amis du Service d'ordre légionnaire :

SOL, faisons la France pure,
Bolcheviks, francs-maçons, ennemis, Israël,
Ignoble pourriture, écœurée la France vous vomit.

C'est tout aussi naturellement qu'il a signé début 1943 son adhésion à la Milice et a juré sur l'honneur « de ne pas être juif et de n'avoir aucune affinité de race juive ».

Et de lutter continuement contre la « lèpre juive » comme le prévoit l'un des vingt et un points de la Milice.

De simples mots, creux, sans signification, comme a osé le prétendre Paul Touvier au cours de nos audiences ?

Voyons un peu.

Dès 1940, Vichy, dont Paul Touvier est un fidèle serviteur, promulgue toute une série de lois antijuives.

Le 22 juillet 1940, douze jours après que Pétain a obtenu les pleins pouvoirs, est mise en place une commission de révision des naturalisations accordées, avec la possibilité de retirer la nationalité française à tous les Juifs qui seraient jugés indésirables.

Le 27 août 1940 se trouve abrogé un des textes les plus vilipendés par les extrémistes : le décret-loi Marchandeau d'avril 1939, qui interdisait à la presse de publier les appels à la haine raciale et religieuse.

Le 3 octobre 1940 est publié le premier statut des Juifs de France, qui s'applique à la fois en zone libre et en zone occupée.

D'après ce statut, est considérée comme juive « toute personne issue de trois grands-parents de race juive ou de deux grands-parents de la même race, si son conjoint lui-même est juif ».

Les articles 1 à 7 de ce statut interdisent aux Juifs, ainsi définis, d'accéder à l'ensemble des fonctions publiques et de les exercer (haute administration, corps enseignant, magistrature, armée, professions libérales, entreprises culturelles, journaux, radios...).

Un second statut des Juifs de France sera promulgué le 2 juin 1941, précisant la définition du Juif et lui fermant de nouvelles professions, notamment celles de la banque et du spectacle.

La loi du 4 octobre 1940 assigne en résidence forcée les Juifs étrangers ou ordonne leur internement.

La loi du 7 octobre 1940 abroge le décret Crémieux de 1870 qui conférait la citoyenneté française aux Juifs d'Algérie.

Le 29 mars 1941 est créé le commissariat général aux Questions juives, chargé de surveiller l'application des mesures antijuives et d'en préparer de nouvelles.

Xavier Vallat est le premier commissaire aux Questions juives, mais il est considéré comme trop modéré et remplacé le 6 mai 1942 par Darquier de Pellepoix qui s'est particulièrement signalé par sa haine antisémite avant guerre.

Une loi du 22 juillet 1941 vise à « éliminer toute influence juive dans l'économie nationale », confiant à des administrateurs provisoires les biens juifs.

À partir de 1941, se multiplièrent les arrestations de Juifs étrangers et français.

Au mois de juillet 1942 étaient passés les accords Oberg-Bousquet : désormais les autorités françaises livraient aux Allemands les enfants juifs, qui ne leur étaient pas même demandés.

Au cours de l'été 1942 surviendront les grandes rafles dont la plus connue est celle du Vel d'Hiv.

C'est à partir de ce moment-là que la France de Vichy devient objectivement et activement complice des nazis dans l'extermination des Juifs.

C'est d'ailleurs à ce moment également que les milieux ecclésiastiques commencent à se manifester, notamment par l'intervention de Mgr Gerlier.

Alors Paul Touvier, persistez-vous à prétendre que les paroles de vos chants n'étaient que des mots ?

N'avez-vous pas vu que ces chants devenaient des lois scélérates et criminelles et que chacun de leurs mots faisait autant de morts ?

Toutes ces interdictions, toutes ces humiliations qui constituent la vie quotidienne des Français de l'époque, Paul Touvier, responsable régional de la Milice, feint de les avoir ignorées.

Paul Touvier n'a rien vu, rien entendu.

Mais cela ne l'empêche pas d'agir.

Lorsqu'il réquisitionne l'appartement de la famille Lehmann, 217, rue Vendôme, pour y installer sa concubine prostituée Marie-Louise Charroin, que croit-il ?

Que la famille Lehmann est partie en vacances ?
Et lorsqu'il occupe l'appartement de la famille Franck, 101, boulevard des Belges, puis celui de la famille Cerf, 18, rue Confort ?

Où croit-il que sont les propriétaires ?

L'antisémitisme est à cette époque dans l'air du temps.

Tout y concourt.

Les Juifs sont désignés par les autorités comme les responsables de tous les maux dont souffre la France.

Les expositions se multiplient pour informer la population sur les vices et les dangers que font courir les Juifs à la nation française et éduquer les Français sur un point capital : comment reconnaître un Juif ?

Le mal est profond : il touche toutes les couches de la population, parfois à son corps défendant.

C'est vraisemblablement avec la plus parfaite bonne foi que le commissaire Faury, qui a rédigé le rapport sur la découverte des sept malheureuses victimes de Rillieux le 1er juillet 1944, a cru pouvoir écrire le plus sérieusement du monde : « Tel qu'il se présentait le crime ne pouvait qu'être inspiré par des motifs politiques. Le fait que les sept victimes étaient des Juifs *(l'examen de leur profil ne laisse subsister aucun doute)*, joint au fait... »

En ce temps-là, on reconnaissait les Juifs à leur profil...

Est-ce grâce à son profil que Louis Goudard a été épargné ?

L'antisémitisme, devenu antisémitisme d'État, était partout, et surtout bien sûr à la Milice dont c'était l'un des principes fondateurs.

Des témoins rapportent que Joseph Lécussan, condisciple de Paul Touvier à la Milice lyonnaise, conservait dans son portefeuille une étoile de David en peau humaine tannée qui lui avait été offerte en hommage par des étudiants antisémites, après avoir été prélevée sur le cadavre d'un Juif.

Il en était si fier qu'il l'exhibait en disant : « C'est de la fesse ! »

Cela ne s'invente pas...

Peut-on dès lors être surpris de ce que les témoins sont venus confirmer à cette barre ?

1° Gilberte Duc, secrétaire personnelle de Paul Touvier, qui l'a entendu se féliciter de l'exécution des sept Juifs de Rillieux en ces termes : « Philippe Henriot est vengé. »

2° Jean-Lucien Feuz, son ancien chauffeur, qui l'a entendu dire, au lendemain de l'assassinat de Victor Basch et de sa femme : « On les a abattus ces sales Juifs. »

3° Angèle Jeanblanc, pour qui « Paul Touvier était d'un antisémitisme violent ».

Tout cela est bien ancien et bien peu crédible, s'apprêtait-on à nous objecter avant l'ouverture des derniers scellés et la découverte d'un cahier de Paul Touvier.

À cette occasion, le masque est tombé définitivement et l'homme est apparu nu, tel qu'il est, foncièrement, viscéralement, définitivement et totalement antisémite...

Prolongeant par les mots et l'écriture l'humiliation qu'il ne pouvait plus infliger par les actes.

Gratuitement, pour lui tout seul, parce qu'il a besoin du ressort de la haine pour vivre.

On l'imagine exultant devant son téléviseur, injuriant pêle-mêle Anne Sinclair et Élisabeth Badinter, Claude Lelouch et Max Ophuls, Mgr Decourtray et André Frossard, Serge Gainsbourg et Anne Frank, et même le procès Barbie qui est pour lui une ignominie.

L'injure verbale ne lui suffit pas : il faut qu'elle reste, même si c'est sur le papier, comme si le fait de l'accoler à côté de la photographie de la victime sur un programme télé permettait de faire plus mal.

Seuls trouvent grâce à ses yeux Rudolf Hess, le dauphin d'Hitler, qui serait selon lui « victime de la haine », et Jean-Marie Le Pen, dont la parole constitue « une bouffée d'air pur ».

Belles références s'il en est...

Alors...

Votre cour appréciera si Paul Touvier est ou non antisémite.

Ce qui somme toute serait son droit, s'il n'avait traduit cet antisémitisme en actes et en actes les plus violents, constitutifs, s'agissant des faits qui ont été perpétrés le 28 juin 1944 à Rillieux, d'un crime contre l'humanité.

Le crime contre l'humanité

La définition de ce crime, qui n'est à confondre avec aucun autre, vous a déjà été donnée par mes confrères.

Il vous a également été indiqué en quoi il était à l'évidence constitué dans ce dossier.

Les revirements successifs et incessants de l'accusé dans sa version des faits n'y changent rigoureusement rien.

Sept Juifs ont été arrêtés par Paul Touvier parce qu'ils étaient juifs.

Sept Juifs ont été exécutés par Paul Touvier parce qu'ils étaient juifs.

Paul Touvier a fait tout cela alors qu'il était le chef du Deuxième Bureau de la Milice de Lyon.

Les historiens René Rémond, François Bédarida, Robert Paxton sont venus vous dire en quoi la Milice était le complice actif et objectif de l'occupant nazi dans la chasse et l'extermination des Juifs.

Il n'est sans doute pas nécessaire d'en dire davantage.

Si ce n'est peut-être de vous rappeler, une fois encore, le cadre juridique dont vous êtes saisis, à savoir les termes de l'arrêt de la chambre d'accusation de la cour d'appel de Versailles du 2 juin 1993, ayant renvoyé Paul Touvier devant votre juridiction :

Aucun fait justificatif, qu'il soit fondé sur l'état de nécessité ou la légitime défense d'autrui, ne peut être valablement invoqué par un responsable de la Milice comme Touvier qui, de par ses fonctions, se trouvait naturellement placé dans l'obligation de satisfaire aux exigences des autorités nazies.

L'exercice même de cette activité, dont il avait librement fait choix, impliquait une coopération habituelle avec des services comme le SD ou la Gestapo.

En tout cas, du fait de sa participation intentionnelle aux actes visés dans les poursuites, il existe bien à l'encontre de Touvier des charges suffisantes d'avoir été complice d'un crime contre l'humanité, au sens de l'article 6 du statut du tribunal militaire international de Nuremberg.

Sa responsabilité est engagée du seul fait de ses agissements personnels, bien qu'il n'ait pas été lui-même ressortissant d'un pays européen de l'Axe.

On peut certes regretter cette définition franco-française pour le moins timide du crime contre l'humanité qui tend à réduire la responsabilité personnelle et directe de Vichy.

Mais cela n'est pas aujourd'hui le sujet.

S'agissant de Touvier, les faits collent à la qualification, et cela porte en droit un nom : CULPABILITÉ.

Tout au plus vous rappellerai-je, à toutes fins utiles et pour en finir sur ce point, que vous n'avez pas à motiver votre décision par d'autres considérations que votre seule intime conviction.

Face à des accusations aussi graves, Paul Touvier ne fait qu'opposer des dénégations qui confinent au négationnisme.

Au cours de ces longues semaines de procès, l'accusé n'a apporté aucune explication, aucune justification, mais, plus grave encore, n'a fait part d'aucun remords.

Toute sa défense est construite sur la négation de

l'histoire, voire sur une réécriture pour le moins personnelle de l'histoire.

Cela a d'ailleurs commencé devant la cour d'appel de Paris avec la création d'un concept juridique nouveau : celui de la légitime défense d'autrui.

Jusqu'alors, le négationnisme consistait à nier la réalité de la Shoah.

Pour Me Trémolet, cela était tout de même trop gros.

Il a donc inventé une théorie plus fine, plus redoutable, mais aussi plus abjecte encore.

Le principe est simple : il consiste à ne pas contester la réalité des faits.

Des Juifs ont bien été massacrés... mais c'était dans l'intérêt d'autres Juifs...

C'est comme cela que s'analyse la légitime défense d'autrui.

Certes, sept Juifs sont morts : comme cela est triste...

Mais plutôt que de vous lamenter, songez plutôt : soixante-dix, trente, vingt-trois Juifs (le chiffre a varié) ont été sauvés grâce à Paul Touvier...

Remerciez-le au lieu de l'accabler.

Horrible stratagème, odieux syllogisme qui conduit le conseil de Paul Touvier à revendiquer pour son client la qualité de juste des nations, au même titre que Schindler.

Bondissant sur tout ce qui se présente, loin d'être accablé par la sortie du film de Spielberg, Paul Touvier s'en saisit sans vergogne.

Paul Touvier c'est le Schindler français.

Négationnisme encore lorsque à l'audience Paul Touvier ose prétendre sans rire que le véritable coupable du drame de Rillieux est la radio de Londres.

Là encore, la logique est aussi redoutable qu'ignoble :

la radio de Londres a appelé à exécuter Philippe Henriot ;

Philippe Henriot a été exécuté ;

cette exécution appelait des représailles ;

c'est dans le cadre de ces représailles que le massacre de Rillieux a été perpétré ;

donc : la radio de Londres est responsable du massacre de Rillieux.

C'est toujours la même logique négationniste qui conduit Paul Touvier à se demander si l'appel du 18 juin a bien eu lieu, dès lors qu'il ne l'a pas lui-même entendu.

Négationnisme encore, et le plus horrible qui soit, lorsque l'accusé met sur le même plan toutes les victimes de la Seconde Guerre mondiale.

Sa théorie est simple.

La guerre est une chose horrible ; pas question de détailler parmi les victimes : il pense en grossiste de l'histoire...

Ainsi, il n'y a pour lui aucune différence entre les Juifs gazés à Auschwitz et les Waffen SS tués sur le front de l'Est, entre les résistants morts sous la torture et les miliciens exécutés à la Libération.

La mort transcenderait les valeurs les plus élémentaires.

Il n'y aurait plus de bourreaux et de victimes.

Tous les morts mériteraient le même recueillement et la même considération.

Seule la fatalité serait coupable : Hitler lui-même, qui s'est suicidé dans son bunker sous la menace de la pression de l'Armée rouge, serait une victime comme les autres...

C'est au demeurant la même perversion qui a conduit à faire croire que, en exterminant le peuple juif, non seulement on ne commettait pas un mal mais on rendait un service à l'humanité.

Telle est la version de l'histoire que Paul Touvier et sa défense proposent aux jeunes générations...

Cette perversion est parfaitement résumée par Mgr Decourtray en ces termes :

« Définir comme un mal ce qui est un bien et comme

un bien ce qui est un mal, voilà l'argumentation la plus perverse, celle qui conduit au crime contre l'humanité. »

Autre perversion que celle du pardon qui vous sera demandé par la défense, au nom tout à la fois de l'ancienneté des faits et de la réconciliation nationale.

Mais ce n'est pas à vous de décerner ce pardon.

C'est aux victimes.

Et Paul Touvier ne leur a pas demandé pardon.

Votre rôle n'est pas de pardonner, c'est de juger... et de sanctionner.

Certains confrères qui m'ont précédé à cette barre vous ont dit ce qu'ils pensaient de la sanction qu'appellent les crimes de Paul Touvier.

Je ne le ferai pas.

Ma robe est celle de la défense, de la défense de l'homme, de la mémoire, de la vérité, de l'avenir.

Cette défense-là vaut bien celle de l'accusé.

Mais il ne m'appartient pas de requérir.

M. l'avocat général le fera à partir de lundi, au nom du peuple français.

Ainsi, il apaisera le malaise dont je vous ai entretenu tout à l'heure.

Par sa voix la démonstration sera faite, s'il en était besoin, que ce procès n'est pas un procès des Juifs pour les Juifs, mais le procès d'un homme pour les hommes, le procès de l'inhumanité pour l'humanité.

« La solution finale, a dit Élie Wiesel, n'est pas un crime contre les Juifs dont l'humanité devrait pour toujours se sentir coupable, c'est un crime contre les Juifs dont l'humanité devrait tout entière se sentir victime. »

Lors de ses réquisitions, M. l'avocat général vous dira, j'en suis persuadé :

que parce que aucune sanction, même la plus lourde, n'est à la mesure du crime contre l'humanité, ce crime n'appelle aucune autre sanction que la plus lourde dans l'échelle des peines prévues par le Code pénal ;

que par sa définition, par son essence même, le crime contre l'humanité exclut toutes circonstances atténuantes.

En ce qui me concerne, au moment de clore mon propos, je veux vous rappeler qu'au-delà des yeux hagards des victimes de Rillieux c'est la France entière, l'humanité entière, qui attendent votre décision.

À l'heure où l'on massacre des enfants au nom d'une prétendue purification ethnique au sein même de notre vieille Europe, votre décision devra laisser une référence au droit, à la morale, à l'histoire.

Elle devra interdire l'oubli et la répétition.

Elle devra interdire à tous les Touvier, aux amnésiques et autres falsificateurs, de tuer les morts à nouveau.

S'ils y réussissaient, ce ne serait plus leur faute, mais la nôtre...

BIBLIOGRAPHIE

Sur l'Occupation

La France des années noires, sous la direction de Jean-Pierre Azéma et François Bédarida, Seuil, 1993.

Dictionnaire historique des fascismes, de Serge Berstein et Pierre Milza, Complexe, 1992.

Lyon 40-44, de Gérard Chauvy, Plon, 1985.

Lyon des années bleues, de Gérard Chauvy, Plon, 1987.

Histoire de la Milice, de Jacques Delperrié de Bayac, Fayard, 1969.

Vichy-Auschwitz, de Serge Klarsfeld, Fayard, 1983.

Quand Vichy était capitale, de Georges Mougeron, Horvath, 1983.

Les Collaborateurs, de Pascal Ory, Seuil, 1980, coll. « Points Histoire ».

La France de Vichy, de Robert O. Paxton, Seuil, 1974, coll. « Points Histoire ».

Le Syndrome de Vichy, d'Henry Rousso, Seuil, 1990, coll. « Points Histoire ».

Sur Touvier

Touvier m'a avoué, de Claude Flory, Michel Lafon, 1989.

Un certain Monsieur Paul, de Laurent Greilsamer et Daniel Schneidermann, Fayard, 1994.

Touvier, un milicien à l'ombre de l'Église, de Claude Moniquet, Olivier Orban, 1989.

Paul Touvier et l'Église, sous la direction de René Rémond, Fayard, 1992.

Paul Touvier est innocent, de Jacques Trémolet de Villers, Dominique Martin Morin, 1990.

Et encore...

Chronique du procès Barbie, Cerf, 1988.
Eichmann à Jérusalem, de Hannah Arendt, Gallimard, 1969.
Maurice Papon, un technocrate français dans la collaboration, de Gérard Boulanger, Seuil, 1994.
Le Crime contre l'humanité, de André Frossard, Robert Laffont, 1987.
Barbie, le procès, de Pierre Mérindol, La Manufacture, 1987.
Nous entrerons dans la carrière, de la Résistance à l'exercice du pouvoir, de Olivier Wieviorka, Seuil, 1994.
Pascale Froment, *René Bousquet*, Stock, 1994.
Éric Conneur et Henry Rousso, *Vichy, un passé qui ne passe pas*, Fayard, « Pour une histoire du XXe siècle », 1994.

Illustration : Gavel and scale on wooden table.
The Image Bank. © Murnay Alcosser.

Ce volume a été composé par Facompo à Lisieux.
Reproduit et achevé d'imprimer sur Roto-Page
par l'Imprimerie Floch à Mayenne en janvier 1995.
N° d'éd. 170. N° d'impr. 36933. Dépôt légal : janvier 1995.
ISBN : 2-260-01198-5